Liebe Männer, wir müssen reden!

«Feminists speak out»

Marta
press

Gisela Jaspersen

Liebe Männer, wir müssen reden!

Gegen Sexkauf im 21. Jahrhundert

marta
press

Die Deutsche Bibliothek verzeichnet diese
Publikation
in der Deutschen Nationalbibliografie.
Detaillierte bibliografische Daten sind im Internet
abrufbar unter
http://dnb.d-nb.de

1. Auflage März 2018
© 2018 Marta Press UG (haftungsbeschränkt),
Hamburg, Germany, www.marta-press.de
© Umschlaggestaltung: Niels Menke, Hamburg
unter Verwendung eines Bildes von: www.pexels.com
Printed in Germany.
ISBN 978-3-944442-41-9

"Wenn Du Sex kaufst, heißt das,
dass Du den Kern Deiner eigenen Sexualität
nicht gefunden hast.
Ich finde, das ist schade für Dich.
Wirklich."

Tanja Rahm

Vorwort

Wir tun alle so, als wäre die Gleichstellung zwischen Mann und Frau schon erreicht und wir müssten nur noch an Feinheiten schleifen. Natürlich sind eine gesetzliche Quote und Lohngleichheit wichtig. Es gibt aber eine Enklave in unserem Land, in der Frauen von allen frauenrechtlichen Errungenschaften ausgeschlossen sind: die Prostitution.

Die Politik behandelt Prostitution nur als Randthema, und eine liberale Gesellschaft will sich da nicht einmischen. "Jede/r soll so leben, wie sie/er es für richtig hält!", bekommt man oft zu hören. Das Thema wird nicht tiefer reflektiert und analysiert.

Wir kennen sie alle, diese Gespräche unter Bekannten, in denen Prostitution schnell bagatellisiert und als Kavaliersdelikt verharmlost wird. Oft wird geschmunzelt, wenn aber Prostitution kritisiert wird, gibt es sehr schnell erheblichen Widerstand. Ich selbst kann mich an sehr viele solcher Gespräche erinnern. Ein Beispiel dazu: als ich als therapeutische Leiterin in einer Suchtfachklinik für Männer arbeitete, fielen mir nicht nur die pornografischen Poster in der Einrichtung auf, sondern auch, dass die Patienten am Wochenende mit der größten Selbstverständlichkeit in ein Bordell gingen. Als ich dies ansprach, musste ich bitter feststellen, dass die Einrichtung, die sich der männlichen Gesundheit widmete, das Ausleben männlicher Sexualität als wichtigeren Gesundheitsfaktor ansah als die Gewalt gegen Frauen durch Prostitution. Man kann aber nicht die eigene

Gesundheit auf Kosten der Gesundheit anderer ausspielen. Man kann nicht die eigene Lust auf Kosten der anderen ausleben. Das geht so nicht!

Und mit der Gleichstellung der Geschlechter ist dieses Verhalten schon gar nicht zu vereinbaren. Deswegen ist der Titel von der Autorin auch treffend gewählt: "Liebe Männer, wir müssen reden!"

Gisela Jaspersen klärt darüber auf, was Prostitution mit einer Frau macht, wie Frauen sich als Prostituierte fühlen, und sie räumt mit dem Mythos der freiwilligen Prostitution auf. Sie kennt die psychische, physische und sexuelle Gewalt, die von Männern ausgehen kann, da sie 40 Jahre lang eine psychotherapeutische Praxis in Hamburg geführt hat und Zeugin vieler Frauen-biografien geworden ist. Wenn Gewaltsysteme aufrechterhalten werden, können Opfer durch das gesellschaftliche Schweigen vorhandene Traumata kaum verarbeiten.

Zigtausende Männer gehen jeden Tag heimlich zu Prostituierten. Die meisten von ihnen leben laut Studien in festen heterosexuellen, nicht explizit sexuell offenen Beziehungen. Die Zahl der betrogenen und bei Aufdeckung entsprechend seelisch verletzten Partnerinnen ist sicherlich nicht gering. Die Autorin will mit diesem Buch auch sie ermutigen, das Schweigen zu brechen.

Gisela Jaspersen klagt nicht nur an, sie beschreibt auch Lösungsansätze: und zwar die Einführung eines Sexkauf-Verbots. Natürlich wird Prostitution damit nicht aufgelöst, es ist aber wichtig, wie ein Staat dazu steht. Es muss ein

Unrechtsbewusstsein geschaffen, Mädchen und Frauen müssen geschützt werden.

Dieses Buch umfasst viele Bereiche, für die man mehrere Bücher über Prostitution lesen müsste. Aufklärung zur Thematik ist ein ganz wichtiger Aspekt im sogenannten "Nordischen Modell", für das wir beide – und mittlerweile ganz viele aus unserer Berufsgruppe – eintreten.

Gisela Jaspersen will Lesungen veranstalten, in Schulen gehen und mit der heranwachsenden Generation sprechen, über das, was wichtig ist im Leben: Gefühle, Wärme, Zusammenhalt, Beziehungen, menschliche Nähe, Gewaltlosigkeit …
In diesem wichtigen Vorhaben möchte ich meine Kollegin unterstützen!

Dr. phil. Ingeborg Kraus

Fachtherapeutin in Psychotraumatologie.

Initiatorin des Appells
der Traumatologen gegen Prostitution
http://www.trauma-and-prostitution.eu

Karlsruhe, den 12.11.2017

Inhalt

1. Einleitung

Liebe Männer und liebe Frauen, bei dem Thema Prostitution zieht sich mir immer wieder der Magen zusammen und ich bin fassungslos, was hier in unserem Land mit Frauen offiziell, vor aller Augen, gemacht werden darf. Wir machen uns über so vieles Gedanken: wieviel Fleisch wir essen oder nicht essen sollten, ob es in Ordnung ist, unfair gehandelten Kaffee zu trinken oder Jeans zu kaufen, die in Bangladesch genäht wurden. Wir machen uns Sorgen, jemanden durch Passivrauchen zu schädigen, wir kämpfen gegen Massentierhaltung, haben Arbeitsschutzgesetze und Tarifverträge … Das ist auch alles gut und wichtig. Und gleichzeitig dulden wir es, dass Tausende Prostituierte unter zumeist illegalen und oft verbrecherischen Umständen hier bei uns gequält und ausgebeutet werden. Es gibt hier in unserem schönen Land eine Zone der Rechtlosigkeit, die allgemein toleriert wird, wo die Menschenwürde nicht mehr gilt. Deutschland ist, was die Prostitution betrifft, schlimmer als die meisten anderen europäischen Länder. Bei Prostitution hört das Gewissen, die Gleichberechtigung, die Fairness, der Rechtsstaat auf. Sie ist bei uns immer noch ein Dschungel, in dem das Recht des Stärkeren gilt und wo der männliche Kunde noch so richtig König ist.

Prostitution hat heute eine große Öffentlichkeit, sie gilt als "normal" und wird gesellschaftlich akzeptiert; Bordelle selbst, aber auch Touristenführer großer Städte machen großflächig öffentlich Werbung für Prostitutionsstätten. Ihr Männer seht das attraktive Bild, das von den Profiteuren der Prostitution und den Medien gezeichnet wird: da sieht man halbnackte junge Traumfrauen in lüsternen Posen und es wird die Erfüllung aller sexueller Wünsche versprochen. Sexkauf ist nicht teuer und jeder männliche Durchschnittsbürger kann sich eine langbeinige Schönheit aussuchen oder endlich auch mal einen ganzen Harem haben, wie die Sultane oder andere Potentaten früher. Das hat doch was! Sollte man das nicht mal ausprobieren?

Die in der Prostitution arbeitenden Frauen tragen natürlich dazu bei, diese Illusion von Verführung und unbegrenzter Lust aufrecht zu erhalten – alles andere wäre schwer geschäftsschädigend.

Als Freier schaltet Ihr Euer Mitgefühl aus, denn wenn Ihr wirklich hinsehen würdet, was diese Frauen für Menschen sind und wessen Körper und Seele Ihr da gerade benutzt, und wenn Ihr Euch klarmachen würdet, dass die Mädchen und Frauen oft unter falschen Versprechungen nach Deutschland gelockt und gnadenlos ausgebeutet werden – ich bin sicher, die meisten von Euch würden keinen Sex mehr kaufen.

Ihr seht diese erotisch aufreizende Fassade und wisst nicht, wie dieses Geschäft wirklich funktioniert? Wenn Ihr genauer erfahrt, was da alles passiert und wie Mädchen und Frauen, teilweise noch Kinder, schon missbraucht in die Prostitution rutschen und wie es ihnen körperlich und seelisch immer schlechter geht, wie verzweifelt und krank sie sind und wie wenig sie sich noch als zu achtende Menschen fühlen, wie sie von Banden der Organisierten Kriminalität verschachert werden, dann denkt bitte nochmal ernsthaft darüber nach, ob Ihr Euch tatsächlich an diesem menschenverachtenden Geschäft beteiligen wollt.

Ob Prostitution mit all den Übeln, die sie begleiten, zugelassen wird, ist eine Frage der gesamtgesellschaftlichen Bewertung und des politischen Willens, an dem gerade Ihr Männer großen Anteil habt.

Ich hoffe, dass Ihr Euch nach gründlicher Information entscheidet, die Menschenwürde dieser Frauen zu achten. Sexkauf passt in keiner Weise mehr in unser Jahrhundert der Menschenrechte und der Gleichberechtigung. Und auch nicht in ein demokratisches, aufgeklärtes Land wie Deutschland. Die Zeit, in der sich Männer alles nahmen, ohne Rücksicht auf die Frauen, ist aus heutiger Sicht anachronistisch und barbarisch.

2. Worüber wir reden müssen

Stimmt das, was ich neulich von einer Prostituierten gehört habe? Das manche von Euch ihre Termine werktags so legen, dass sie schnell mal in der Mittagspause eine Nummer mit einer Hure machen können? Das Männer am Samstag mit ihren Frauen bummeln gehen und dann vor dem Baumarkt sagen: "Liebling, ich guck mal eben nach einem Werkzeug, das interessiert Dich doch nicht, geh ruhig weiter shoppen!", und dass sie dann statt in den Baumarkt ins nächste Bordell gehen, und danach entspannt mit ihren Frauen weiter bummeln?

Oder Ihr geht in diese "Legebatterien" (O-Ton einer Prostituierten), in diese sterilen Flure der Laufhäuser und sogar in die "Verrichtungsboxen", um eine Nummer zu machen? Und Ihr merkt nicht, dass die Frauen Euch gewaltig etwas vormachen, dass sie eine große Show abziehen und behaupten, sie fänden es mit Euch besonders toll? Und Ihr merkt auch nicht, dass viele Frauen kaum Deutsch sprechen, dass sie eingeschüchtert sind durch die Gewalt ihrer Zuhälter, oder dass sie unter Drogen stehen, weil sie völlig fertig sind von diesem ständigen Vögeln, weil keine Frau so was aushalten kann, weil sie es nur erträgt, wenn sie sich irgendwie während dieser Verrichtung innerlich von ihrem Körper trennt, also als Mensch völlig verschwindet?

18

Und das alles passiert, obwohl wir in einer toleranten Zeit leben, wo jede(r) so leicht wie nie Zugang zu sexuellen Kontakten hat!

Was ist mit Euren eigenen Frauen und Freundinnen, was passiert mit Euren Beziehungen?

"Aber", sagt Ihr, "es ist doch schon immer so gewesen, dass der Mann sich Sex kaufen konnte, wenn er Lust hatte." Und wieder wird die Geschichte vom "ältesten Gewerbe der Welt" erzählt. Das ist doch etwas ganz Normales, nicht wahr? Wer sich darüber aufregt, gilt als prüde. Oder sexfeindlich. Wir sind doch modern und aufgeklärt. Und die ganz Schlauen sagen: das ist nicht auszurotten. Das gehört einfach dazu, so ist es nun mal auf dieser Welt. Und wer weiß, was alles passieren würde, wenn man dem Mann diese Möglichkeit, seinen Trieb abzureagieren, nehmen würde – das könnte gefährlich werden!

Nun hat sich die Welt ständig gewandelt, wir sind heute im 21. Jahrhundert. Seit 1927 ist die Prostitution in Deutschland eine legale und seit 1964 in Westdeutschland sogar eine steuerpflichtige Tätigkeit, das heißt, der Staat verdient mit. Und wir sind heute sogar besonders modern: seit der liberalen Gesetzgebung 2002 in Deutschland ist die Prostitution nicht mehr sittenwidrig, aus der Prostituierten ist die "Sexarbeiterin" geworden, aus dem Zuhälter der "Manager" und aus dem Bordellbesitzer der

"Unternehmer im Erotikgewerbe".[1] Man wollte die "Sexarbeiterinnen" endlich enttabuisieren, sie sollten ganz normale Arbeiterinnen sein können, die sich gewerkschaftlich organisieren könnten (ver.di umwarb sie heftig), mit Recht auf Sozialversicherung, mit der Möglichkeit, ihre Rechte auch gerichtlich einzuklagen, und mit der Pflicht, Steuern zu zahlen. Nur dass sich bisher nur sehr wenige Frauen bundesweit tatsächlich sozialversichert haben. Und viele ihre "Steuerfreiheit" gerne beibehalten möchten.

Es gibt den "Berufsverband erotische und sexuelle Dienstleistungen e.V." (BesD), einen Bundesverband der Bordellbetreiber/innen, der nicht die Interessen der Prostituierten vertritt, sondern die ihrer Arbeitgeber[2] und generell eine starke Prostitutionslobby. Und man hört von ihnen immer wieder, wie sehr diese Frauen doch selbstbestimmt und frei seien und dass sie ganz freiwillig in diesem "Beruf wie jeder andere" arbeiten. Ja sogar, dass Prostitution ein emanzipatorischer Akt sei, dass die Frauen sich endlich von den überkommenen Moral-vorstellungen hinsichtlich Sexualität befreien und dadurch über Macht über die Männer verfügen würden. Wer hat sich bloß solchen Schwachsinn ausgedacht?

---

[1] Rachel Moran: "Was vom Menschen übrig bleibt" (2015).
[2] Schließlich gibt es 3.500 offiziell eingetragene Bordelle, inoffizielle und Wohnungsprostitution nicht mitgerechnet.

Und man hört immer wieder, dass diese Frauen besonders sexhungrig seien und gar nicht genug bekommen können und sich da von der Gesellschaft auch nicht reinreden lassen wollen. Eine schöne Vorstellung, die Euch Männern bestimmt gefällt.

Also alles gut, oder? Wo ist das Problem?

Nein, leider ist gar nichts gut!

Deutschland ist das "Bordell Europas" geworden. Durch die Legalisierung der Prostitution ist der Menschenhandel explodiert. Wir sind ein Land geworden, das Zuhältern und Frauenhändlern und damit der Organisierten Kriminalität eine optimale Infrastruktur bietet. Sextouristen aus ganz Europa kommen mit Bussen und Flugzeugen, um die deutschen Bordelle aufzusuchen. Bis 2017 gab es so genannte "Flatrate"-Angebote: ein Bier, ein Würstchen und so viele Frauen vögeln, wie man(n) schafft. Ist das eklig? Ja, es ist eklig. Und grausam. Und es kann so nicht bleiben!

Liebe Männer, ich kann Euch dieses bequeme Bild von der "glücklichen Hure" nicht lassen. Ihr seid ja keine Unmenschen, Ihr mögt ja die Frauen, jedenfalls die meisten von Euch. Ihr sucht sie, Ihr wollt sie nicht quälen, oder? Deswegen sollt Ihr im Folgenden einen ungeschönten Einblick in das Geschäft mit dem Sexkauf bekommen.

3. Ein kurzer Streifzug durch die Geschichte

Nein, Prostitution ist trotz ständiger Wiederholung nicht das älteste Gewerbe der Welt![3] Das älteste Gewerbe ist vermutlich der Verkauf von Fischen. Und es hat in der Geschichte komplexe Gesellschaften ganz ohne Prostitution gegeben, zum Beispiel im Alten Ägypten, wo die Frauen ein hohes Ansehen hatten, oder bei den Indigenen Völkern in Ostindien und in Polynesien, bevor sie mit dem Westen in Kontakt kamen. Und die Mär von der Tempelprostitution ist inzwischen auch widerlegt, es war wohl ein Missverständnis.

Allgemein kann man sagen: Je höher der Stand der Frauen in der Gesellschaft war, desto weniger Prostitution gab es.

Das Aufkommen der Prostitution ist ganz eng mit dem Aufkommen patriarchalischer Strukturen und Sklaverei verbunden. Die älteste schriftliche Erwähnung eines Bordells stammt aus dem 6. Jahrhundert vor Christus, zu der Zeit hat der griechische Staatsmann Solon das erste

---

[3] Mira Sigel: "Die Geschichte der Prostitution – keineswegs das "älteste Gewerbe der Welt"" unter https://diestoerenfriedas.de/die-geschichte-der-prostitution-keineswegs-das-aelteste-gewerbe-der-welt/ (29.01.2018). Oder auch: Bremer Frauenmuseum, Romina Schmitter: "Prostitution - Das älteste Gewerbe der Welt?".

offizielle Bordell in Athen eingerichtet – die Frauen waren ausschließlich Sklavinnen.

Ich möchte hier keine Geschichte der Prostitution schreiben, aber es ist wichtig, sie historisch einzuordnen: Es gab Prostitution in der Antike bei den Griechen und dann bei den Römern, bei den patriarchalischen israelitischen Hirtenstämmen des Alten Testaments und auch zu Zeiten des Neuen Testaments. Eine große Ausnahmeerscheinung in Bezug auf die Haltung zu Frauen war offensichtlich Jesus. Es wird überliefert, dass er viele Anhängerinnen gehabt haben soll, weil sich die Frauen durch ihn weitgehend gleichberechtigt gefühlt haben sollen. Die späteren Kirchenväter haben sich dann aber beeilt, die Frauenfreundlichkeit schnell wieder abzuschaffen …

Bei den nordischen, keltischen und germanischen Völkern wurde Prostitution ebenfalls nur mit Sklavinnen ausgeübt. Ab dem Frühmittelalter gab es überall in Westeuropa öffentliche Bordelle, die ab dem 13. Jahrhundert strenger kontrolliert wurden. Im 14./15. Jahrhundert boomten die Bordelle geradezu, waren offiziell genehmigt, Mieten und Steuern gingen an die Stadt. Sie lagen meist am Rande der Siedlung, in der Nähe des Hauses des Scharfrichters. Offiziell war der Zutritt nur unverheirateten Männern gestattet – offiziell … Die Frauen mussten meist Kleider in der "Schandfarbe" tragen, ein fahles Gelb, so dass sie sofort zu erkennen waren. Ihre Rechte und Pflichten waren in Verordnungen festgelegt, wobei sie schon damals durch ausbeuterische "Frauen-haus"-Wirte schnell in Verschuldung und Skla-verei gerieten.[4]

Das Aufkommen der Syphilis in den Jahren nach 1493 veränderte das christliche Europa dann fundamental: Da man erkennen konnte, dass Bordelle mit der Ansteckung etwas zu tun haben mussten, wurden sie geschlossen, Prostitution unter Strafe gestellt und die Prostituierten verfolgt, eingesperrt und später nicht selten auch verbrannt.

Das Bordell ist sicher für viele Männer in den verschiedenen Jahrhunderten ein Sehn-suchtsort gewesen: Die Kirchen wurden körper-feindlicher und prüder und prägten damit die Gesellschaft. Und es war für Männer oft nicht möglich, zu heiraten: Die Bedingungen für eine Eheschließung, nämlich die Fähigkeit, eine Familie zu ernähren, waren oft aus Sicht der Grundherren oder der Zünfte nicht erfüllt, und so war etwa die Hälfte der Bevölkerung von der Gründung einer Familie ausgeschlossen! Die Männer hatten praktisch keine Chance auf Sexualität außer im Bordell. (Und die Frauen?)

Die Kirchen sahen in der Eheschließung die einzige gottesfürchtige Verbindung zwischen Männern und Frauen, wobei es die Aufgabe war, Nachkommen zu zeugen und nicht etwa Lust auszuleben. Die Ehe war vor allem eine Wirtschaftsverbindung. Die Männer hatten durch ihre Frauen Hilfe bei der Arbeit und

---

[4] Ebd.

Zugang zu regelmäßigem Sex, und die Frauen konnten ohne eine Heirat wirtschaftlich nicht überleben. (Nur wenige hatten die Möglichkeit, in ein Kloster zu gehen.)

Über all die Jahrhunderte hatte das christliche Europa eine total patriarchalische Struktur: Der Mann hatte das Sagen und bestimmte über seine Frau und die Kinder, die Mägde, Haus und Hof. Unverheiratete Mädchen und Frauen, die zum Beispiel als Stubenmädchen oder Wäscherinnen arbeiteten, waren praktisch ungeschützt und rechtlos. Der adlige oder großbürgerliche Mann hatte immer Möglichkeiten, sich zu nehmen, was er begehrte, und das galt auch nicht als Unrecht. Und der einfache Mann tat es ihm in bescheidenerem Maße nach. Diese Haltung reicht bis in unsere heutige Zeit hinein und ist nicht wirklich überwunden: 1949 war es für die sogenannten "Mütter des Grundgesetzes" ein sehr schwerer Kampf, dass der Satz "Männer und Frauen sind gleichberechtigt" ins Grundgesetz aufgenommen wurde. Und erst seit 1997 haben wir in Deutschland das Gesetz, das Vergewaltigung in der Ehe unter Strafe stellt.

Die Bordelle im späten Mittelalter und dann in der Neuzeit sind sicher nur im Ausnahmefall schöne, gepflegte Räume gewesen. Oft waren es bescheidene Kammern, häufig schmutzig und ärmlich.

Und die Frauen? Hatten sie genug zu essen? Waren sie gesund? Eher wohl nicht. Wie konnten sie sich vor Geschlechtskrankheiten schützen? Die Männer (und Frauen), die sich mit Syphilis ansteckten, sind jedenfalls außerordentlich zahlreich: Die Krankheit, die 1493 durch die sexuellen Kontakte der Truppen von Kolumbus aus Amerika nach Europa eingeschleppt wurde und sich zuerst bei den Militärs und dann auf dem ganzen Kontinent mit unglaublicher Heftigkeit ausbreitete, hatte auch viele prominente Opfer: Charles Baudelaire, Ludwig van Beethoven, Karen Blixen, Frederic Chopin, Paul Gauguin, Gustave Flaubert, Heinrich Heine, Friedrich Nietzsche, Friedrich Schiller, Arthur Schopenhauer, Henri de Toulouse-Lautrec, Franz Schubert, Heinrich VIII., Karl III., Franz I., Katharina die Große, Oscar Wilde und viele, viele mehr.

Im 19. Jahrhundert war es für Männer gesellschaftlich üblich und akzeptiert, ins Bordell zu gehen, und Huren wurden gelegentlich die Hauptfiguren von Romanen, in denen sie idealisiert und als starke, freie, sinnliche Frauen dargestellt wurden.[5]

Gleichzeitig entwickelte sich durch die beginnende Industrialisierung eine große Welle der Elendsprostitution. Viele Frauen hätten nicht überlebt, wenn sie sich nicht prostituiert hätten.

Für die (männlichen) Reichen und Schönen und die gekrönten Häupter gab es natürlich immer etwas ganz Besonderes: In einem 1878 eröffneten Luxus-Freudenhaus im Pariser Börsenviertel war der Prince of Wales und

---

[5] Zum Beispiel "Nana" von Emile Zola.

späterer König Edward VII. Stammgast, und es gab dort einen extra für ihn von den besten Schreinern der Stadt angefertigten "Liebessitz", wodurch es dem britischen Thronfolger möglich war, mit zwei Damen gleichzeitig zu verkehren. Natürlich gab es dort auch einen Foltersaal, eine Piratenkoje und viel Louis XVI.-Prunk.

In einem anderen, nicht weniger prächtigen Etablissement soll Humphrey Bogart regelmäßig randaliert haben. Rund 200 Franc kostete dort eine Nummer in den 1930er Jahren – ein Pariser Schreiner hätte dafür 30 Stunden hart arbeiten müssen.

Auch der Ausbruch des Zweiten Weltkriegs konnte dieser Einrichtung nichts anhaben. Ab 1940 haben sich dort die Offiziere der deutschen Wehrmacht amüsiert oder ranghohe Kollaborateure. Erst als die französischen Frauen endlich 1944 das Wahlrecht bekamen, war Schluss mit dieser Puff-Kultur.[6]

Auf das sehr schmerzliche Thema der militärischen und Kriegsbordelle (Deutschland, Japan etc.) möchte ich hier nicht eingehen.

Bei all den Aufs und Abs der Geschichte kann man sicher sagen, dass die Huren bis auf wenige Ausnahmen zu allen Zeiten verachtet, geächtet, ausgegrenzt, stigmatisiert, elend und arm waren – und unsere heutige Zeit macht da leider keine Ausnahme!

---

[6] "Historische Bordelle", SpiegelOnline, 02.02.2012.

Manfred Paulus, Erster Kriminalhauptkommissar a. D. aus Ulm, der langjährige Erfahrung im Bereich der Rotlichtkriminalität und des Frauen- und Kinderhandels hat, schreibt:

"Der Handel mit der Ware Frau hat eine so lange wie traurige Geschichte. So wurden schon in den römischen Haushalten germanische Sklavinnen beschäftigt und während der Türkenkriege wurden Christinnen verschleppt und auf Sklav(inn)enmärkten angeboten. Ein größeres Ausmaß nahm der Frauenhandel Ende des 19. Jahrhunderts an, als vermehrt europäische Frauen in die männlich dominierten Kolonien gehandelt wurden. Schon damals wurde ihnen, ähnlich der heutigen Praktiken, die "große Liebe" oder ein "schönes Leben" vorgegaukelt, und sie fanden sich dann in Bordellen wieder. In seiner modernen Form wurde der Frauenhandel während der vergangenen Jahrzehnte zu einem ausufernden, europäischen und auch deutschen Problem. […] Dass diese Tragödie kein Ende nimmt, […] stimmt nachdenklich und macht betroffen. Es geht bei diesem Handel mit der Ware Frau […] nicht nur um ein massenhaftes, verabscheuungswürdiges und zumeist bestens organisiertes Verbrechen und um zahllose, menschliche Einzelschicksale. Es geht dabei auch um Werte und um einen Werteverfall, um Machtverhältnisse und Machtverschiebungen (zugunsten des Organisierten Verbrechens), es

geht um den Erhalt der freiheitlichen, rechts-
staatlichen Ordnung – und um deren Glaubwür-
digkeit."[7]

4. Die gesellschaftliche Situation heute

Wie sieht es heute bei uns aus? Die
Gesellschaft hat sich total verändert, der Einfluss
der Kirchen mit ihrer Lust- und Leib-
feindlichkeit ist stark zurückgegangen. Die
Stände haben ihre Macht verloren, so dass jede/r,
die/der heiraten will und 18 Jahre alt ist, heiraten
kann. Junge Menschen fangen heute oft mit 15
Jahren an, sexuelle Erfahrungen zu sammeln. Es
gibt Kontaktbörsen und Clubs aller Art, wo jeder
Mensch seine sexuelle Präferenz einvernehmlich
mit anderen ausleben kann. Selten ist eine
Gesellschaft so freizügig gewesen, und zwar
nicht nur für die Adligen und Reichen, sondern
für jede/n. Unsere heutige freie Gesellschaft hat
sich dazu entschlossen, den Einzelnen keine
Vorschriften zum Sexualleben zu machen, so
lange die handelnden Personen volljährig sind
und die Handlungen einvernehmlich geschehen.
Diese Freiheit und Freizügigkeit müsste
dann auch für die Prostitution, für den Kauf von

---

[7] Manfred Paulus: "Organisierte Kriminalität,
Menschenhandel, Tatort Deutschland" (2014).

Sex gelten, oder? Wo doch alle diese Frauen angeblich frei und selbstbestimmt in diesem "Beruf" arbeiten, wo die "glückliche Hure" sich doch entschieden hat, sich zu emanzipieren, indem sie ihren Körper dem Freier anbietet – darf die Gesellschaft ihr da reinreden?

Liebe Männer, hier ein paar Fakten, an denen Ihr nicht vorbei kommt:

- Die Realität zeigt, dass Sexkauf, Gewalt und Menschenhandel untrennbar miteinander verbunden sind.
- Durch die sehr liberale Gesetzgebung seit 2002 ist Deutschland zur Drehscheibe des Frauenhandels in Europa geworden.
- Der Jahresumsatz durch Prostitution und Frauenhandel wird allein in Deutschland auf 14,5 Milliarden Euro geschätzt und ist damit ähnlich lukrativ wie Drogen- und Waffenhandel. Das Gros dieses Geldes kassieren NICHT die sich prostituierenden Frauen, sondern die Menschenhändler(innen), Zuhälter(innen) und Bordellbetreiber(innen).
- Da sich die Prostituierten in Deutschland bis 2017 nirgends anmelden mussten, hat man keinen Überblick, wie viele es gibt.
- Man schätzt, dass etwa 90 Prozent von ihnen Armuts- und/oder Zwangsprostituierte sind.

- Heute ist etwa jede dritte Prostituierte unter 21 Jahre alt! Sie kommen aus den ärmsten Ländern Osteuropas (Bulgarien, Rumänien, Ungarn). Für einige von ihnen ist ein Freier der erste Sexualpartner in ihrem Leben. Die Frauen wissen nichts über Infektionsrisiken oder gefährliche Praktiken.[8]
- Etwa 90 Prozent der Frauen in der Prostitution haben als Mädchen sexuelle Gewalt erlebt – sie haben früh gelernt, dass sie ihren Körper zur Verfügung stellen müssen, um Zuwendung zu bekommen, und sie gehen daran nach und nach kaputt.
- Der Gesundheitszustand dieser Frauen ist katastrophal: Mit 30 Jahren sind sie meist vorzeitig gealtert, sie haben Unterleibsschmerzen und Entzündungen, alle Arten von sexuell übertragbaren Krankheiten, weil die Freier Sex ohne Kondom wollen und immer gefährlichere Praktiken fordern.[9]
- Die Frauen sind oft psychisch schwer traumatisiert, sie leiden unter anderem

---

[8] Rachel Moran: "Was vom Menschen übrig bleibt" (2015).
[9] Mira Sigel: "Die Geschichte der Prostitution – keineswegs das "älteste Gewerbe der Welt"", https://diestoerenfriedas.de/die-geschichte-der-prostitution-keineswegs-das-aelteste-gewerbe-der-welt/ (29.01.2018).

an posttraumatischen Belastungsstö-
rungen. Das Leben in der Sexindustrie
ertragen sie oft nur durch hohen
Alkohol- und Drogenkonsum. Es gibt
zunehmend "Burn-outs" bei den Frauen.
Prostituierte werden im inter-nationalen
Durchschnitt nur 33 Jahre alt. [10]
Deswegen sprechen einige ehe-malige
Huren auch von sich als "Überlebende
der Prostitution".

5. Gehen wir mal ins Detail ...
heutiger Laufhaus-Alltag

Die Rotlichtszene hat sich verändert, auch
dort ist die Geiz-ist-geil-Mentalität der modernen Konsumgesellschaft angekommen. "Ein
Laufhaus ist ein auf seine Essenz reduziertes
Bordell. Lange Gänge, ein Zimmer neben dem
anderen, darin ein Bett und eine Frau. Der Name
kommt daher, dass die Männer wie im

---

[10] "Internationaler Report zu käuflichem Sex: Das
schäbigste Gewerbe der Welt", SpiegelOnline,
08.06.2016.
http://www.spiegel.de/forum/panorama/international
er-report-zu-kaeuflichem-sex-das-schaebigste-
gewerbe-der-welt-thread-469778-8.html
(29.01.2018)

Supermarkt durchlaufen, sichten und wählen können. Im Laufhaus werden die Freier von keiner aufgedonnerten Bardame empfangen. Es gibt keinen Plüsch und keine Sektkübel, weder wird Eintritt verlangt noch herrscht Konsumzwang. Im weiß gefliesten Foyer brummen bloß ein Getränke- und ein Kaffeeautomat, flankiert natürlich von einem Bankautomaten. Ein Freudenhaus für die Generation Selbstbedienung."[11]

Und die Frauen? Für die ist dieses Geschäftsmodell in der ohnehin harten Sexindustrie schwierig. Sie zahlen mindestens 350 bis 450 Euro Wochenmiete. Bis 2017 wohnten nicht selten die Frauen in den gleichen Zimmern, in denen sie sich anboten. Auf vielen Stockwerken zusammengedrängt konkurrieren die Frauen um die männlichen Kunden. Für den Besitzer ist so ein Haus betriebswirtschaftlich "sehr sinnvoll". Das alleinige geschäftliche Risiko tragen die Frauen. Eine "Sexarbeiterin" nannte es "Legebatterien" und "Männerabfertigung".[12]

Wie schon erwähnt, gab es bis 2017 auch "Flatrate"-Bordelle. Für 60 oder 70 Euro Eintritt wurden dort Bier, eine Wurst und Frauen ohne Begrenzung angeboten. Eine Flatrate-Bordellkette namens "Pussy Cat" machte Schlagzeilen, als am Eröffnungstag im Juni 2009 1.700 Männer Schlange standen, um hinein zu kommen. Die Schlangen vor den Zimmern der

---

[11] "Prinzip Laufhaus", Die Zeit, Nr. 13/2017.
[12] Ebenda.

Frauen hielten sich bis zum "Geschäftsschluss", als viele der Frauen zusammengebrochen waren. Sie waren erschöpft, hatten Schmerzen, Verletzungen und Infektionen einschließlich schmerzhaften Hausausschlägen und Pilzinfektionen, die sich von ihren Genitalien ausgehend ihre Beine entlang streuten.[13]

Als sich die Journalistin Alexandra Eul 2012 zum Schein für das "Pascha"-Großbordell in Köln bewarb (das stolz war, das größte in Europa zu sein), fand sie auf der Homepage folgende Sätze: "Du bist mindestens 18 Jahre alt. Du bist aufgeschlossen und hast keine Berührungsängste mit dem Rotlichtgewerbe. Deine Leidenschaft ist es, Männern zu Inspiration und Freude zu verhelfen." Es wurde "gut verdientes Geld" versprochen. Später erfuhr sie Zahlen für die Zimmermiete: 150 Euro Kaution, 160 Euro Miete pro Tag! Die Miete musste täglich bis morgens um vier Uhr gezahlt sein, bei Auszug 40 Euro Reinigungskosten. Die Preisgestaltung gegenüber den Freiern könne sie selber machen, die anderen Frauen nähmen im Schnitt 50 Euro für eine normale Sex-Nummer.

160 Euro Miete pro Tag sind 4.800 Euro im Monat für den Vermieter: für ein Zimmer!

Essen musste von den Frauen im Haus gekauft werden, ein Hauptgericht kostete 15

---

[13] Ingeborg Kraus: "Das deutsche Modell produziert die Hölle auf Erden", Vortrag in Vancouver, Kanada, 20.09.2016.

Euro. Essen von außen zu bestellen war verboten. Die Zimmer hatten kein Tageslicht. Ein Zimmer, das sie besichtigte, roch so streng, dass sie kaum atmen konnte. Man konnte nicht lüften, die Fenster waren mit schwarzer Folie bedeckt. Ansonsten gab es im Zimmer einen wackligen Sperrholzschrank, einen kleinen Tisch, eine nackte Deckenlampe, ein Mini-Bad, ein riesiges Bett und ein Telefon, mit dem die Frauen im Notfall den Pförtner anrufen können. Wenn das "Pascha" ausgebucht ist, arbeiten hier über einhundert "Mieterinnen", das macht für das Laufhaus eine halbe Million Euro Mieteinnahmen im Monat![14]

So werden die Frauen ausgebeutet, und die Bordellbesitzer schämen sich nicht mal dafür! Die erfolgreichen werden immer salonfähiger, treten in Talkshows auf und vertreten ihre Geschäftsidee, ohne dass ihnen die Schamesröte ins Gesicht steigt. Im Gegenteil, sie deklarieren sich oft noch als Beschützer, die den Frauen gute, sichere Arbeitsbedingungen bieten.

Die Hamburger Edel-Domina "Undine", aktiv in der Pro-Prostitutionslobby, wollte 2013 selbst erfahren, wie sich das Leben in einem Laufhaus anfühlt. Ihre Eindrücke hat sie in ihrem Blog festgehalten. Sie fand es "sehr anstrengend" und nach zehn und am nächsten Tag zwölf Stunden Anwesenheit hatte sie nicht

---

[14] Alexandra Eul: "Emma-Reporterin im Pascha Großbordell", Emma, Januar 2013.

ganz die Kosten raus, geschweige denn einen Gewinn gemacht. Sie hatte den Eindruck, dass bei ihr vor allem "Frischfleischjäger" und "Sextouristen aus aller Herren Länder" gelandet seien, und sie fand, dass sie sich schon lange nicht mehr so geballt mit "toxischen Menschen" abgegeben habe. In ihrem Domina-Studio hätte sie die am Telefon innerhalb von zwei Minuten abgewürgt. Sie vermutete, dass sie in diesem Laufhaus mit einhundert Zimmern seit längerer Zeit die einzige Deutsche gewesen sei.

"[…] auf Dauer so zu arbeiten und auf den Verdienst angewiesen zu sein macht wirklich krank, denke ich. Ich hatte die zwei Tage ziemlich hochgedreht und die ganzen Beklopp-ten haben mich hauptsächlich amüsiert, aber am Sonntag Morgen musste ich dann auch erst mal emotional zusammenklappen. […] Es ist die Respektlosigkeit und Grenzverletzung dieser Sorte Kunden, die krank macht. Ich würde sagen, dass von den zehn, zwölf Kunden, die ich in den zwei Tagen hatte, höchstens ein Drittel anstandslos meine Grenzen respektiert hat, der Rest hat während der Aktion verbal oder handgreiflich massiv und wiederholt versucht, mich zu Dingen zu bringen, die ich zuvor bereits explizit abgelehnt hatte oder für die sie nicht zusätzlich bezahlen wollten. [...] Und ich schätze, dass von zahllosen Männern, mit denen ich Anbahnungsgespräche geführt habe, bestimmt ein Viertel versucht hat, den vom Haus vorgegebenen Mindestpreis von gerade mal 30

Euro (!) für eine Viertelstunde Französisch und Verkehr noch runterzuhandeln."[15]

Und wie lautete "Undines" Fazit?

"Ich bin mir nach wie vor sicher, dass nicht die Sexarbeit das Problem ist."[16]

Eine wirklich erstaunliche Aussage!

Und hier noch ein Schmankerl, das deutlich macht, wie Kilometer weit die Domina "Undine" von der herkömmlichen Prostitution entfernt lebt: Auf ihrer Homepage gibt es eine Wunschliste. Also, falls Ihr gute Manieren habt, nicht schon am Telefon abgewimmelt werdet und falls Ihr ihr verfallt und ihr – neben dem Honorar – etwas schenken möchtet, könnt Ihr dort nachlesen, was ihr Freude macht: zum Beispiel Zehenringe oder Fußkettchen, lederne Handschuhe, handgemachte Confiserie-Trüffel, aber bitte nicht Champagner oder Rosen ...

---

[15] "Undine im Laufhaus", http://blog.bizarrlady-undine-hamburg.de/2013/07/undine-im-laufhaus/ (29.01.2018)
[16] Ebd.

6. Grundgesetz Art. 1: „Die Würde des Menschen ist unantastbar": Prostitution und Gewalt

Das Prostitution viele Gesichter hat, vom Straßenstrich, über die Domina oder Sklavin bis hin zur eleganten Frau vom Escort-Service, das ist schon bis zu uns gedrungen, und wir stellen uns in unserer Fantasie vor, dass den Edel-Prostituierten und ihrem Lebensstil ein gewisser Glamour anhaftet. Vielleicht nicht ganz so schön wie in dem Film "Pretty Woman", aber doch vielleicht etwas ähnlich.

Leider ist nirgendwo Glamour, nicht eine Sekunde lang, weil eine Prostituierte immer erniedrigt wird, da gibt es kein Drumherum reden – das ist das Wesen dieses Geschäfts! Niemals begegnen sich Mann und Frau hier auf Augenhöhe! Die Ex-Prostituierte Rachel Moran schreibt in ihrem Buch mit dem bezeichnenden Titel "Was vom Menschen übrig bleibt" (2015): "Einige der Männer, die ich in sehr teuren Hotels oder bei Out-Calls in äußerst wohlhabenden Häusern getroffen habe, gehörten zu den schwierigsten Leuten, denen eine Prostituierte begegnen kann. Diese Männer hatten ein Anspruchsdenken, das mit jedem Geldschein stieg, den sie einem zahlten. Ihre Einstellung war eindeutig: `Ich habe zweihundert Pfund für dich bezahlt, und deswegen werde ich mit dir machen, was ich will, und du wirst dabei den Mund halten.`"[17]

Die dänische Ex-Prostituierte Tanja Rahm schrieb nach ihrem Ausstieg in ihrem "Offenen Brief an den Sexkäufer": "Nicht ein einziges Mal bin ich mit Lust zu meinem Job gegangen. Das einzige, was mich beschäftigt hat, war, schnelles Geld zu verdienen… Nein, auch während des Sex empfand ich keine Lust, ich war nur gut darin, dir das vorzuspielen … Du warst die Nummer 3, Nummer 5 oder Nummer 8 an einem Tag … Mein Unterleib brannte, von Gleitcreme und Kondomen … Du hattest nur ein Ziel: Deine Macht zu beweisen, indem du mich bezahlst und meinen Körper benutzt, wie es dir gerade gefällt … Ich ekele mich vor euch und euren teilweise kranken Fantasien."[18]

Eine Ex-Prostituierte aus den USA schrieb über die Mühsal der ständigen sexuellen Benutzung und wie sie versuchte, damit irgendwie klar zu kommen: "Kontrolle, nicht zu jammern, wenn ein Mann meine Brust so hart anpackte, dass ein stechender Schmerz entstand. Kontrolle, meine Füße in die Luft zu strecken, auch wenn sie zitterten. Kontrolle, um sich gegen das Stoßen von hinten abzustützen, mit

---

[17] Rachel Moran: "Was vom Menschen übrig bleibt" (2015).
[18] Anita Heiliger: "Zur Realität in der Prostitution und ihre gesellschaftlichen Auswirkungen" (2014), Kofra e. V.

dem Gesicht gegen das Kissen gedrückt, rudernden Armen, während jeder Stoß meine Wirbelsäule staucht. Kontrolle, nicht gegen eine schleimige Zunge in meinem Mund zu würgen, die sich nass in mein Ohr gräbt, an meiner Kehle leckt. Kontrolle, nicht zu zucken, wenn ein Fingernagel sich plötzlich in meinen Anus bohrt, wenn ein Schwanz sich in meine Vagina schrammt, gegen brennende Haut, und ich fühlte, wie mein Gesicht blass vor Schmerzen wurde."[19]

In einschlägigen Internet-Foren brüsten sich Männer gern damit, wie sie die Grenzen der Frauen überschritten haben: "Ich zog ihr die Arschbacken auseinander und schob ihr langsam meinen Schwanz in den Arsch, was sie mit leisem Jaulen quittierte (was für ein sound). Als ich mich dem Ende näherte und sie immer heftiger fickte, wollte sie, dass ich aufhöre und sie lieber in die Muschi ficken sollte. Unter normalen Umständen hätte ich das … mir war aber nun mal nicht danach … sorry Vanessa. Nach ein paar weiteren Stößen schoss ich meine Ladung in die Tüte und schob ihn ihr nochmals bis zum Anschlag rein …"[20]

In dem Buch "Die industrialisierte Vagina" beschreibt die australische Professorin Sheila Jeffreys, dass Prostituierte außer der alltäglichen körperlichen Gewalt durch massenhafte sexuelle Benutzung weitere Gewalt erfahren: neben

---

[19] Ebenda.
[20] Ebenda. (Schreibweise im Original)

Demütigungen, Grenzüberschreitungen und seelischen Verletzungen erleben sie zum Beispiel Drohungen, Beleidigungen, Vergewaltigungen, Schläge, Knochenbrüche, Kopfverletzungen, Gefangennahme bis hin zum Mord.

Obwohl man annehmen könnte, dass diese Gewalt am meisten auf dem Straßenstrich vorkommt, zeigen Untersuchungen, dass die Escort-Prostitution, bei der die Frauen die Freier in Hotels oder in Wohnungen aufsuchen, genauso gefährlich ist. Auch in Bordellen sind die Frauen vor Gewalt nicht geschützt, weil sie nie wissen, an wen sie geraten. In den meisten Bordellen dürfen die Frauen keinen Freier abweisen, oder sie stehen finanziell sehr unter Druck.[21]

Sheila Jeffreys erwähnt in ihrem Buch eine staatliche Webseite für kommunale Gesundheit aus Victoria (Australien), die Sicherheitstipps für Escort-Frauen gibt: zum Beispiel sich bei Ankunft mit dem Gelände vertraut machen; sehen, ob zu viele Autos dort stehen oder zu viele Lichter brennen, das könnte ein Hinweis auf eine mögliche Gruppenvergewaltigung sein. Auch sollten sie vorgeben, dass draußen jemand auf sie wartet; sie sollten das Autoradio laufen lassen, damit der Eindruck erweckt wird, dass dort noch jemand ist. Ihre Sachen sollten die Frauen gestapelt neben der Tür liegen lassen, damit sie sie rasch an sich nehmen können, falls

---

[21] Sheila Jeffreys: "Die industrialisierte Vagina" (2014).

sie den Ort fluchtartig verlassen müssen, damit sie nicht plötzlich nackt und ohne Autoschlüssel oder Handtasche sind.[22]

Ja, und es geht noch härter. Die Schweizer Prostituierte und Bordellbetreiberin Brigitte Obrist erzählte Medien schon 1992, dass die Kunden zunehmend perverse Wünsche hätten, was sie ganz deutlich auf den Konsum von brutalen Pornos zurückführte. Kunden würden häufig nach "Sklavinnen" fragen und was sie mit ihnen machen könnten.

"Ich weiß von Frauen, die halten als Sklavinnen hin aus einer extremen Notlage heraus. Die, die ich kenne, haben eine deutlich herabgesetzte Schmerzgrenze, sind aber nach einer Foltersession über Stunden hinweg völlig unansprechbar. Ich weiß von Salons, in denen die Behandlung mit Kerzenwachs, mit Nadeln und auch das Zunähen von Schamlippen angeboten wird. Natürlich verdienen die Mädchen überdurchschnittlich gut – 1000 Mark aufwärts für eine Session."

Und auf die Frage, ob Gewaltvideos ein neuer Schwerpunkt seien: "Da bin ich sicher. Wer Pornos regelmäßig konsumiert, sucht nach immer neuen Reizsteigerungen, die Spielarten werden zwangsläufig immer extremer. Irgendwann greift man aus Neugier zu Tier-, Kinder- oder Sadomaso-Pornos."

Sie erklärte, dass die 18-29jährigen Männer die Hauptkonsumenten von Pornos seien, dass

---

[22] Ebenda.

die regelmäßig zu ihr kommen und ganz offen erklären, sie hätten keine Lust auf Beziehung, das wäre ihnen zu mühsam.

"Und wer regelmäßig Pornos guckt und ins Bordell geht, der konditioniert eben sich und seine Sexualität sehr stark. Freiern kann tatsächlich zu einer Art Sucht werden. Ich kenne viele Männer, die monatlich bis zu 2000 Franken für Huren ausgeben. Hinterher sind sie zwar körperlich befriedigt, aber innerlich total frustriert. Sie suchen nach Steigerungserlebnissen und versuchen es mit technischen Raffinessen. Die emotionale Befriedigung stellt sich aber nie ein."[23]

Und hier noch eine kleine Auswahl aus der "Menükarte", aus der sich Sex-Käufer aussuchen können, was sie wollen:

AF = Algierfranzösisch (Zungenanal)

AFF = Analer Faustfick

AO = alles ohne Gummi

Braun-weiß = Spiele mit Scheiße und Sperma

FT = Französisch total (Blasen ohne Gummi mit Spermaschlucken)

Kvp = Kaviar passiv (Frau lässt sich anscheißen)

NSa = Natursekt aktiv (Frau pinkelt auf Mann)

Nsp = Natursekt passiv (Frau lässt sich anpinkeln

SW = Sandwich (eine Frau zwischen zwei Männern)

usw. usw.

---

[23] "Freier sind heimliche Sadisten", Spiegel Nr. 31, 1992.

7. ... bis hin zu Mord

Seit der liberalen Gesetzgebung 2002 sind über 80 Prostituierte in Deutschland ermordet worden, zusätzlich gab es 40 Mordversuche. Die Aufklärungsquote ist sehr gering. In Bayern zum Beispiel sucht die Polizei bei mehreren solcher Verbrechen noch nach 25 bis 30 Jahren nach den Tätern. Und das bayrische Landeskriminalamt kann weder sagen, wie oft es Gewaltverbrechen an Prostituierten gibt noch wie hoch die Aufklärungsquote ist. Warum nicht? Ist das Interesse daran vielleicht zu gering? Catherine Simon schreibt in ihrem Artikel "Warum Mörder von Prostituierten oft davonkommen":

"Viele Frauen halten sich oft nur für kurze Zeit in einer Stadt auf. Sie reisen europaweit herum. Dies erschwert die Arbeit der Ermittler: Oft kannten die Opfer noch niemanden in der Stadt."[24]

Als dieser Artikel erschien, waren gerade zwei Prostituierte in Nürnberg ermordet worden: die Rumänin Yenna und die Chinesin Miyoko. Das Bundeskriminalamt stuft Prostituierte als eine Gruppe mit hohem Opferrisiko ein. Die

---

[24] WELT online, 09.06.2017.

Nürnberger Beratungsstelle für Prostituierte "Kassandra" findet nicht, dass Prostituierte stärker gefährdet sind als andere Berufsgruppen! Nürnberg sei nach ihrer Erfahrung ein "sehr friedliches Pflaster, was Prostitution angeht". "Die Frauen, die zu uns kommen, berichten selten von Zwangsprostitution und Gewalt." [25] Und viele Sicherheitsmaßnahmen seien in dem Milieu zwar wünschenswert, aber nicht realistisch – etwa in Gebäuden mit Überwachungskameras zu arbeiten: "Viele Freier würden dann abgeschreckt."

Was übrigens die Freier in Laufhäusern nicht abzuschrecken scheint – dort gibt es in der Regel Überwachungskameras.

In welcher Welt leben diese "Beraterinnen", und auf welcher Seite stehen sie? Anscheinend nicht auf der Seite der prostituierten Frauen!

Es gibt bislang keinen breiten gesellschaftlichen Aufschrei oder politische Reaktionen zu den regelmäßigen Morden an Prostituierten in Deutschland! In 2017 und 2018 gab es fast jeden Monat einen Mord bzw. einen Mordversuch an Prostituierten. [26] Die meisten ermordeten Frauen hatten einen Migrationshintergrund:

---

[25] Ebenda.
[26] Quelle: www.sexindustry-kills.de (25.02.2018)

Freitag, 6. Januar 2017, Wittenberge: Name unbekannt (Mordversuch), 41 Jahre alt.

Montag, 23. Januar 2017, Hamburg-Harburg: Oana (Mordversuch), Rumänin, 24 Jahre alt.

Samstag, 11. Februar 2017, Köln-Weiden: Name unbekannt (Mordversuch).

Sonntag, 19. Februar 2017, Essen: Name unbekannt.

Mittwoch, 24. Mai 2017, Nürnberg: Yenna, Rumänin, 22 Jahre alt.

Montag, 5. Juni 2017, Nürnberg: Miyoko, Chinesin, 44 Jahre alt.

Dienstag, 25. Juli 2017, Saarbrücken: Florence E., Französin, 38 Jahre alt.

Dienstag, 1. August 2017, Hamburg: Maria E., Guinea, 48 Jahre alt.

Mittwoch, 29. August 2017, Regensburg: Katherina, Rumänin, 33 Jahre alt.

Freitag, 26. Oktober 2017, Gelsenkirchen, zwei Frauen, Namen unbekannt, Asiatinnen, 46 und 56 Jahre alt.

Freitag, 19. Januar 2018, Frankfurt am Main:
Name unbekannt (Bordell, Breite Gasse)
(Mordversuch).

Samstag, 17. Februar 2018, Essen: Angelique
Larouche, 62 Jahre alt.

8. Welche Frau macht so etwas Entsetzliches mit?

"Wir sind alle Missbrauchsopfer. [...] Tatsächlich bin ich als Kind von meinem Onkel missbraucht worden. Mein Vater war Alkoholiker und extrem gewalttätig. Ich war also von Kind an Gewalt durch Männer gewöhnt."[27]

"Meine Mutter ist gestorben, als ich zwölf war. Und mein Vater hat mich missbraucht. Da war ich vier, fünf. [...] Mit 16 bin ich dann beim Trampen vergewaltigt worden. Da hab ich Todesangst gehabt, das war richtig schlimm. Dazwischen gab es eine Zeit, in der sich linksintellektuelle alte Männer über mich hergemacht haben. Ich habe mich in der linken Szene rumgetrieben, war ein kluges Kind und hab viel gelesen. Da konnte man gut mit mir diskutieren,

---

[27] "Wir sind alle Missbrauchsopfer", EMMA, Mai 2013.

und die Herren haben gemeint, nicht nur das. Ich war da etwa 15 und die waren 45 oder 50. Mich hat es nicht gestört, weil es ja die Art von Zuwendung war, die ich seit dem Tod meiner Mutter kannte. Es war eben ein Weg, Liebe zu bekommen."[28]

Internationale Studien bestätigen, dass etwa 90 Prozent aller Frauen, die sich prostituieren, als Mädchen missbraucht wurden.

In einem Vortrag beschrieb die deutsche Traumatherapeutin Dr. Ingeborg Kraus, dass in den 1970er Jahren den Therapeutinnen auffiel, dass geschlagene Frauen sehr oft zu ihren Peinigern zurückkehren. Und man fand heraus, dass, wer als Kind Missbrauchserfahrungen machte, überdurchschnittlich häufig auch als Erwachsene/r wieder Missbrauchsbeziehungen führt. Die Hirnforschung konnte später nach-weisen, dass Traumaerfahrungen zu hirnorga-nischen Veränderungen führen. So kann mit Stress sehr viel schlechter umgegangen werden und bestimmte problematische emotionale Zu-stände lösen ein "Einfrieren des Gehirns" aus, bei dem man nicht mehr in der Lage ist, die Situation richtig wahrzunehmen und sich zu wehren.[29]

---

[28] "Ich habe mich freiwillig prostituiert", EMMA, Okt. 2012.
[29] Ingeborg Kraus: "Prostitution als Reinszenierung erlebter Traumata", Vortrag bei einer Veranstaltung von Kofra, München, 28.03.2014.

Kraus hatte in Bosnien mit Frauen therapeutisch gearbeitet, die Opfer von Kriegsvergewaltigungen geworden waren. Als sie wieder nach Deutschland zurückkam, stellte sie fest, dass auch in deutschen Kliniken jede zweite Patientin sexuelle Gewalt (üb)erlebt hatte.

"In meiner langjährigen psychotherapeutischen Erfahrung habe ich Prostituierte begleitet und die Hintergründe kennen gelernt. Es wurde dabei deutlich, dass die Prostitution in allen Fällen die Fortsetzung von Gewalterfahrungen in ihrer Biografie war."[30]

Und sie sagt zu Recht, dass es nicht sein kann, dass wir dies alles, was definitiv zur Prostitution gehört, tatsächlich zu einem "normalen Beruf" erklären!

Kraus beschreibt weiter, dass Missbrauchsopfer sich den Bedürfnissen der Täter unterordnen und dass die Fähigkeit, sich selbst zu schützen und für sich zu sorgen, verloren geht. Und so sind sie dann eine leichte Beute für die Täter. Und da bei traumatischen Situationen Opioide im Körper ausgeschüttet werden, hat das sogar eine beruhigende Wirkung. Es handelt sich hier um körpereigene Substanzen, die in Stresssituationen ausgeschüttet werden und akuten Schmerz, Hungergefühle etc. unterdrücken.

Dazu kommt, dass viele Opfer von sexuellem Missbrauch massive Schuld- und

---

[30] TraumatherapeutInnen gegen Prostitution, EMMA, 25.09.2014.

Schamgefühle haben und sich wertlos fühlen. Die Folgen sexueller Gewalt können Ängste, Depressionen, geringes Selbstwertgefühl, Persönlichkeitsstörungen, Sucht, Schmerzstörungen, dissoziative Störungen, posttraumatische Belastungsstörungen und selbstverletzendes Verhalten, wozu man auch die Prostitution rechnen muss, sein.

Immer wieder wird von einschlägiger Seite gebetsmühlenartig betont, dass die Frauen sich "freiwillig" prostituieren, im Gegensatz zur Zwangsprostitution, die aber merkwürdigerweise scheinbar nirgends stattfindet. (Siehe dazu auch das Kapitel "Das Rotlichtmilieu und die Organisierte Kriminalität")

Die "Freiwilligkeit" scheint die entscheidende Rechtfertigung für Freier zu sein, die Frauen in jeder nur denkbaren Weise benutzen zu dürfen. Daraus wird dann ein "sie will es ja so", und mit diesem Schachzug ist die Frau plötzlich nicht mehr Opfer.

Kraus vermutet hinter dieser Täter-Opfer-Verkehrung, dass ein in dieser Gesellschaft stark tabuisiertes Feld geschützt werden soll, nämlich das der männlichen Sexualität. Und der gesteht man offensichtlich nach wie vor das Recht zu, sich uneingeschränkt und völlig ungehemmt zu entfalten, ohne jede Rücksicht auf die beteiligten Frauen.[31]

---

[31] Ingeborg Kraus: "Prostitution als Reinszenierung erlebter Traumata", Vortrag bei einer Veranstaltung von Kofra, München, 28.03.2014.

Dieses Leugnen der sexuellen Gewalt durch Männer hat Geschichte: Sigmund Freud, Wiener Arzt und Begründer der Psychoanalyse, behandelte Ende des 19. Jahrhunderts Frauen mit "Hysterie". Er hörte ihnen zu und begriff bald, dass alle diese Frauen aus bürgerlichem Haushalten Opfer von sexueller Gewalt in ihrer Kindheit geworden waren. Man weiß heute, dass er erpresst wurde, diese Erkenntnis wieder zurückzunehmen, sonst hätte er seine ärztliche Lizenz verloren. Freud entwickelte dann die These, dass gar kein wirklicher sexueller Missbrauch stattgefunden habe, sondern dass die Frauen das nur phantasiert hätten, weil sie sich in ihrem tiefsten Inneren diese sexuellen Situationen gewünscht hätten. Damit waren sie keine Opfer mehr, sondern lüsterne, trieb-gesteuerte Täterinnen. Und die wirklichen Täter blieben geschützt. Auf dieses Ereignis weist Kraus in ihrem Artikel "Trauma als Voraus-setzung und Folge der Prostitution" hin[32] und bedauert die 120 Jahre andauernde Behinderung der Wissenschaft durch diese Lüge.

Und das Lügen oder Leugnen geht weiter und weiter: Die sexuelle Gewalt gegen Mädchen und Frauen vor der Prostitution wird geleugnet, die Gewalt in der Prostitution wird geleugnet (und es ist nicht übertrieben zu sagen, dass unser Staat sich der Zuhälterei schuldig macht, weil er durch die Steuern auch von dieser Gewalt an

---

[32] "Trauma als Voraussetzung und Folge der Prostitution" von Ingeborg Kraus, in: "Mythos "Sexarbeit"", Katharina Sass (Hrg.) (2017).

Frauen profitiert), die physischen und psychischen Folgen durch die Prostitution werden geleugnet und die negativen Auswirkungen auf unsere Gesellschaft einschließlich der Chancen, die wir der Organisierten Kriminalität bieten, hier in unserer Gesellschaft Fuß zu fassen.

In der Prostitution befindet man sich in einem riesigen Lügengeflecht. Wenn eine Frau drinsteckt, muss sie sich einbilden, dass alles in Ordnung sei, damit sie nicht verrückt wird. Erst die Aussteigerinnen können das System durchschauen und können es wagen, zurückzuschauen und das Erlebte neu einzuordnen, was sicher extrem schmerzhaft ist. Weil sie alleine sind und weil ihnen einige weismachen wollen, dass es ein "Beruf wie jeder andere" sei. Weil sie von der Gesellschaft nicht getragen werden, sondern sie nur eine "Ex-Nutte" sind, die nicht ernstgenommen wird.[33]

9. Die Lüge von der Freiwilligkeit

Es ist mehr als erstaunlich, dass immer noch davon geredet wird, dass die Prostituierten

---

[33] Ebd.

sexuelle Dienstleistungen freiwillig und gerne tun, wo bei uns bereits etwa 90 Prozent der Frauen Armuts- und Zwangsprostituierte sind. Hier einige Äußerungen von den Frauen oder ihren Betreuerinnen:

Rosen Hicher, eine französische Ex-Prostituierte, sagte: "Bis ich 31 Jahre alt war, habe ich in der Elektro-Branche gearbeitet. Im März 1988 wurde ich entlassen und hatte bald kein Geld mehr, um meinen sechs Kindern etwas zu essen zu kaufen. Da hab ich in der Zeitung eine Anzeige gesehen: "Bar sucht Hostess". Da hab ich angerufen, mich vorgestellt und dann habe ich dort angefangen."[34]

Interessant ist übrigens, dass Hicher zuvor ein Buch veröffentlicht hatte, in dem sie die totale Freigabe der Prostitution forderte. Nach ihrem Ausstieg sagte sie, dass sie sich für dieses Buch schäme. Sie hatte gehofft, dass sich die Lage der Prostituierten durch die Legalisierung verbessern würde, aber das Gegenteil sei der Fall.

Marie: "Bei mir war es Geldnot. Die Studiengebühren meiner Tochter waren zu hoch. Die hab ich nicht mehr geschafft. Da war ich 45."[35]

---

[34] "Wir sind alle Missbrauchsopfer", EMMA, Mai 2013.
[35] Ebd.

Cathrin Schauer-Kelpin von dem Verein Karo e.V.: "Adriana stand fast ihre gesamte Schwangerschaft auf dem Straßenstrich einer deutschen Großstadt. Unbeachtet mitten unter uns. Bis sie von einer Streetworkerin gesehen wurde. [Anm. d. Autorin: Übrigens sind schwangere Frauen bei den Freiern sehr begehrt!] Dank deren Einsatz konnte Adriana in unserem Schutzhaus Zuflucht finden. Fast alle [die in dem Schutzhaus dieser Organisation Hilfe finden konnten, die Verf.] hatten ein ähnliches Schicksal wie Adriana. Manche sind unter Lebensgefahr aus den Fängen ihrer Zuhälter geflohen. Wissend um die Lebensgeschichten und Bedingungen, unter denen diese jungen Frauen in Deutschland sexuell ausgebeutet werden, frage ich mich immer wieder: Wie ist das möglich in einer aufgeklärten und modernen Gesellschaft, in der die Würde des Menschen unantastbar sein soll? Es macht mich wütend und fassungslos."[36]

Bettina wurde vor einigen Jahren von demselben Schutzhaus gerettet. "Als sehr junges Mädchen wurde ich gezwungen, meinen Körper zu verkaufen. Ich bin missbraucht und schrecklich misshandelt worden. Tag und Nacht musste ich alles machen was Männer wollten. Eines Nachts wurde ich in ein Auto gezerrt und irgendwohin gefahren. Dass es in Deutschland war, habe ich nur anhand von Schildern an der

---

[36] Karo aktuell, Magazin für Befreier, Ausgabe Frühjahr 2017.

Straße gesehen. Ich wusste nicht, wo ich war. Ich wurde viele Monate lang eingesperrt, täglich mehrmals vergewaltigt und geschlagen. Sie quälten mich, rasierten mir die Haare ab. Im Winter wurde ich dicht hinter der Grenze einfach aus dem Auto geworfen. Bei Minusgraden, einfach so."[37]

Bettina schleppte sich mit letzter Kraft zu einer tschechischen Behörde. Sie war dem Tode nahe. Wenn sie nicht von dem Schutzhaus hätte aufgenommen werden können, wäre sie jetzt sicher nicht mehr am Leben. Die Helferinnen haben sich in den ersten Monaten sehr intensiv um sie gekümmert, in Decken gehüllt und sie oft nur schweigend festgehalten, weil sie durch die schlimmen Erinnerungen ständig zitterte. Bettina konnte im Schutzhaus zum ersten Mal wie ein Mensch leben: ein Zimmer, regelmäßiges Essen und etwas Geld.

Bettina erlitt bleibende Schäden an Körper und Seele. Sie war durch die massive Gewalt und die entstandenen Erkrankungen nicht mehr in der Lage, selbstständig zu leben. Die Zuhälter in Tschechien wurden verurteilt, mit unverhältnismäßig milden Strafen.

"Olga war nach dem Abitur bei ihren Eltern rausgeflogen. Du bist erwachsen, sagten sie, sieh zu, wo du bleibst. Olga schrieb sich an der Medizinhochschule ein, dann brach sie die Ausbildung ab. Sie wollte raus aus der Ukraine,

---

[37] Karo aktuell, Magazin für Befreier, Ausgabe Dezember 2016.

sie war ehrgeizig. […] Olga besaß noch 40 Euro und fuhr nach Polen. In Polen können sich Ukrainer drei Monate aufhalten, Polen ist das Durchgangszimmer in die Europäische Union, es gibt noch ein Zurück, und es sieht doch schon aus wie der Westen. Olga setzte sich am Bahnhof auf ihre Koffer und wartete darauf, dass etwas passierte. Eine Frau sprach sie an, sie wüsste Arbeit in Deutschland, in einem Haushalt mit Kindern oder älteren Menschen. Olga fuhr erst einige Stunden mit der Frau Bus, dann stieg sie zu Männern in ein dunkles Auto. Ob sie nicht misstrauisch gewesen sei, umgeben von lauter Fremden, fragte der Richter [in dem später folgenden Menschenhändlerprozess, die Verf.], als Olga im Zeugenstand saß. „Das war vielleicht, weil ich ein Kindchen war", antwortete Olga, es klang nüchtern wie eine Bilanz. „Meine Eltern haben mich gewarnt, aber ich war in der Hoffnung, dass mir nichts Schlimmes passieren kann."

Irgendwann war Olga in einem polnischen Hotel, das ‚Holiday' hieß, und Borys B. stand im Zimmer. Er sagte ihr, was sie in Deutschland tun werde, dass sie einen Haufen Geld verdienen werde und dass es einen Arzt gebe. Olga begann zu schreien. „Ich will nicht so eine werden", sagte sie. „Wo willst du denn hin?" fragte Borys B. Olga sagt, dass er sie danach vergewaltigt hat. Als er ihr Zimmer verließ, sperrte er von außen die Tür zu."[38]

---

[38] Verena Mayer: "Menschenhandelsopfer mitten in Berlin", EMMA Sept. 2004.

Am liebsten sind Menschenhändlern junge Mütter, weil die besonders gut erpressbar sind, wenn man ihnen droht, ihren Kindern etwas anzutun.

Chantal Louis fragt in einem Artikel: "Wo ist der Punkt, an dem eine junge Frau entscheidet: Ich werde nicht Bankkauffrau, Bäckereifachverkäuferin oder Architektin, sondern Prostituierte? Keine Frau, deren körperlichen und/oder seelischen Grenzen nicht massiv verletzt wurden, begibt sich in diese Welt, in der sich diese Grenzverletzung tagtäglich wiederholt. Unter den vielen (Ex)Prostituierten, mit denen ich im letzten Jahrzehnt gesprochen und deren Blogs ich gelesen habe, war keine, die nicht als Kind missbraucht oder von Männern misshandelt worden war. Oder von den Eltern derart auf emotionalen Entzug gesetzt und so von ihrer Wertlosigkeit überzeugt wurde, dass sie bereit war, für einen Mann, der die richtigen `Für mich bist du die Tollste`- Knöpfe drückte, alles zu tun."[39]

Louis empfiehlt allen, die wissen wollen, wie Zuhälter Frauen zurichten, um sie auf den Strich zu schicken, das Buch "Härte" von Andreas Marquardt, einem ehemals brutalen Zuhälter. Er hatte einen sehr genauen Blick für emotional bedürftige Mädchen, die in Dorfdiscos herumhingen, und wusste, welche er zu

---

[39] Chantal Louis: "Prostitution abschaffen!", CICERO 10.03.2013.

allem kriegen würde. Und die später auch vor der Polizei aussagten, dass er sie liebt und dass es ihnen gar nichts ausmacht, dass sie seine Eigentumswohnung finanziert haben, aber nicht im Grundbuch stehen. Und wenn sie auf ihre blauen Flecken angesprochen wurden, behaupteten sie, sie seien gegen einen Schrank gelaufen ... so dass die Polizei mal wieder machtlos war.[40]

Und so kann die "Freiwilligkeit" auch aussehen:

Als 2007 (Osterweiterung der EU!) plötzlich ein Straßenstrich in Dortmund hinter einem Hornbach-Baumarkt völlig unkontrollierbar anschwoll und die Stadtverwaltung feststellte, dass fast alle Personen aus einem Vorort einer großen Stadt in Bulgarien stammten, ist eine Behördendelegation dorthin gereist. Eine Beamtin sagt: "Ich weiß nicht, ob der Begriff *Ghetto* richtig ist. Aber jedenfalls hat man dort Roma zusammengepfercht, Tausende. Sie leben unter vollkommen unwürdigen Verhältnissen, ohne Aussicht auf Berufsausbildung oder Arbeit, ohne Wasser, ohne Strom, ohne Gas."

Nora Bossong berichtet in ihrem Buch "Rotlicht" von dem Gespräch mit dieser Beamtin und hat sich danach selbst im Internet Bilder von dem Vorort angesehen: sie fand, dass es gar nicht mehr wie eine Siedlung aussah, sondern wie eine düstere Wüste aus Dreck und Abfall. Der Boden war bis zu den Häusern bedeckt mit Lumpen, Plastikfetzen, Metallsplittern usw. Sie meinte,

---

[40] Ebd.

den Gestank förmlich zu riechen. Hier blieben nach dem Verschwinden der Sowjetunion nur Roma übrig, und es kamen viele weitere Roma, die man in Schüben dazupferchte. Arbeit hatte es da immer nur in staatlichen Betrieben gegeben. Jetzt nahmen die Leute Kühlschränke auseinander und verkauften das Metall, und von dem Erlös mussten dann ganze Familien leben. Und natürlich hat man dort schnell begriffen, dass es deutlich lukrativer ist, ein Mädchen aus der Familie in die Prostitution nach Deutschland zu schicken.[41]

10. Das Rotlichtmilieu und die Organisierte Kriminalität

Das öffentliche Interesse an der Entführung und Verschleppung junger Osteuropäerinnen und ihrer Ausbeutung in Sexzentren der westlichen Welt habe nachgelassen, ebenso wie das Engagement der Ermittlungs- und Strafverfolgungsbehörden, sagt Manfred Paulus, Erster Kriminalhauptkommissar a. D., den ich bereits zitiert habe. Warum? Nach langwierigen und aufwändigen Ermittlungsverfahren wegen schweren Menschenhandels war das Ergebnis

---

[41] Nora Bossong: "Rotlicht" (2017).

oft gleich null, also bei den Ermittlern Frust, Entsetzen und Resignation, und auf der Täterseite "Champagner und Partys".

Die täterfreundlichen gesetzlichen Bedingungen bei uns wirken wie eine Einladung an die Organisierte Kriminalität. Die Bundesrepublik wurde durch wenig praktikable gesetzliche Rahmenbedingungen und der entsprechend geringen Strafverfolgung zu einem Zentrum der Ausbeutung junger Frauen und zu einem Aktionsfeld mafiöser Gruppierungen aus aller Welt. Paulus beklagt, dass, wenn die Delikte im Zusammenhang mit der Prostitution nicht mehr wirksam bekämpft werden, dies den schleichenden Prozess des Machtaufbaus der Organisierten Kriminalität hier im Land unterstützt. So haben die Freiheiten des Milieus und die zahlreichen milden und täterfreundlichen Urteile der deutschen Justiz und eine gewisse polizeiliche Enthaltsamkeit für Deutschland fatale Folgen.

Über "das Milieu" sagt Paulus, dass es viele Milieus in Deutschland gibt, teils unabhängig voneinander, teils verbunden: "Zu jedem Milieu gehören Objekte – Häuser, Wohnungen, Kneipen, Bars, Bordelle, ganze Straßenzüge oder Stadtviertel. … Und zu jedem Milieu gehören (Milieu-)Personen: Zuhälter, Prostituierte, Mieter, Vermieter, kleine und große Bosse, Ausbeuter und Ausgebeutete, Gehilfen, Gummi- und Pfandflaschensammler, menschliche Wracks. Zunehmend aber auch Anwälte, Betriebswirtschaftler, `seriöse` Geschäftemacher in feinstem Zwirn, Erpresser und Erpresste,

Korrumpierende und Korrumpierte, vom Milieu Abhängige, ihm aus welchen Gründen auch immer Hörige!"[42]

Und das Milieu hat seine ungeschriebenen Gesetze, und die Normen der Allgemeinheit und die Gerichtsbarkeit gelten hier nicht. Der Verrat ist das Schlimmste, und Verrat ist alles, was dem Milieu schadet. Würde sich eine Prostituierte hilfesuchend an die Polizei wenden oder sagen, dass sie sich nicht freiwillig prostituiert, wäre das Verrat. "Deshalb, nur deshalb gehen alle aus Moldawien, der Ukraine, Rumänien oder einem anderen Rekrutierungsland eingeschleusten und in Deutschland anschaffenden Frauen `freiwillig` der Prostitution nach, nur deshalb leugnen sie beharrlich jede Zwangssituation. Und dieses `freiwillig` ist ein wahres Zauberwort."

Denn wenn eine Prostituierte `freiwillig` der Prostitution nachgeht, dann ist plötzlich alles legal, dann haben Freier, Bordellbesitzer, Clubchefs und Zuhälter keine Probleme mehr.

Und nicht nur das: auch die Polizei, die Behörden, die Justiz, die Kommunen, Landkreise und die Politik und auch alle mitfühlenden Menschen sind entlastet, weil das Strafrecht dann nicht relevant ist.

Paulus glaubt, dass keine Frau freiwillig im Stunden- oder gar Viertelstundenrhythmus mehr oder weniger appetitliche und mehr oder

---

[42] Manfred Paulus: "Rotlicht und Organisierte Kriminalität" in "Die Kriminalpolizei", Zeitschrift der Gewerkschaft der Polizei, Juni 2011.

weniger perverse Freier bedienen würde, ohne dass für sie etwas dabei heraus kommt außer einem wachsenden Schuldenberg, und das ist meistens der Fall. Seine Erfahrung zeigt, dass ein hoher Anteil der Frauen und Mädchen getäuscht und in die Schuldenfalle getrieben wird, dass sie in Abhängigkeit gebracht, gefügig gemacht und ausgebeutet werden. Dabei spielen Drogen eine große Rolle. Sie werden gezielt eingesetzt und gleichzeitig wird das Opfer damit kriminalisiert, so dass der Weg zur Polizei dann auch aus diesem Grund versperrt ist. Drogen erleichtern den Einstieg ins Geschäft des "Anschaffens", wirken erst einmal leistungsfördernd, schaffen aber auch Hilflosigkeit und Abhängigkeit vom Zuhälter, und schließlich führen sie ins Elend. Ist ein Opfer schließlich nicht mehr ausbeutbar, wird es wie Abfall weggeworfen und entsorgt.[43]

Und so sind plötzlich herkömmliche polizeiliche Verfahren und Ermittlungsmethoden untaugliche, stumpfe Waffen: Was können Vernehmungen bringen, wenn das Gegenüber lügt oder schweigt? Und Durchsuchungen und Razzien von Bordellen werden sinnlos, wenn beim Eintreffen die Pässe der Bediensteten schon schön geordnet auf dem Tresen liegen und das Ganze mit einem Grinsen quittiert wird.[44]

---

[43] Manfred Paulus: "Rotlicht und Organisierte Kriminalität" in "Die Kriminalpolizei", Zeitschrift der Gewerkschaft der Polizei, Juni 2011.
[44] Ebd.

"Keiner anderen gesellschaftlichen Gruppierung ist es jemals gelungen, Rechtsstaatlichkeit so gekonnt, so wirksam und in so hohem Maße auszuhebeln, wie diesen Milieus und ihren Bossen im Rotlicht. Der Rechtsstaat wird kaum irgendwo so gedemütigt und vorgeführt, wie bei Zuhälter- und Menschenhandelsprozessen in deutschen, von Milieupersonen voll besetzten und vereinnahmten Gerichtssälen. Diese Milieupersonen (und ihre Anwälte) organisieren bewusst und gezielt Provokationen, Störungen, Einschüchterungen, Widerstände, überraschende Aussagen und Wendungen. Sie versuchen einzuschüchtern und zu verunsichern. Sie halten sich nicht an die Spielregeln der Gesellschaft, sondern wenden die der Parallelgesellschaft (im Rotlicht) an. […] Zuhälter verhindern die für ein Urteil erforderliche Anwesenheit der Opfer vor Gericht (indem sie dieses vorher nach Unbekannt ausfliegen lassen). Erscheinen sie dennoch, verhindern sie belastende Opferaussagen mit zumeist unbemerkten aber höchst wirksamen Methoden (dein kleiner Bruder lebt morgen nicht mehr, wenn du …) […] Milieuanwälte und -personen verzögern, zwingen zum Vertagen, stellen Beweisanträge (die nach Absurdistan führen) am Fließband, zwingen die Gerichte damit ein ums andere Mal zu Deals – zum Vorteil der Täter und zum Leidwesen und Entsetzen der Opfer."[45]

Paulus sieht eine Art Vakuum, in dem diese Parallelgesellschaften entstehen und sich entfalten können: Es gibt eine staatliche und auch eine gesellschaftliche Zurückhaltung und Distanzierung gegenüber der Prostitution. Und die Gesellschaft ist der Prostitution und ihrem Umfeld gegenüber sehr ambivalent: zwischen Verachtung und Inanspruchnahme.

Durch Menschenhandel, Sexsklaverei, Drogen- und Waffengeschäfte, Schutzgelderpressung und anderes werden durch die Organisierte Kriminalität im Umfeld des deutschen Prostitutionsgeschehens hohe Umsätze erzielt, was so manchen sicherheitspolitischen Verantwortlichen ins Grübeln bringen könnte.[46]

Strohfrauen und -männer wurden üblich, Bordellbetriebe wurden von GeschäftsführerInnen oder WirtschaftlerInnen geführt, die nicht vorbestraft und deshalb unverdächtig waren, die aber nur vorgeschaltet waren; alle vertraglichen Regelungen wurden sehr korrekt durch Steuerberater, Anwälte und Notare abgefasst. So

---

[45] Manfred Paulus: "Außer Kontrolle", in "Die Kriminalpolizei", Zeitschrift der Gewerkschaft der Polizei, Juni 2013.
[46] Manfred Paulus: "Rotlicht und Organisierte Kriminalität" in "Die Kriminalpolizei", Zeitschrift der Gewerkschaft der Polizei, Juni 2011.

konnte man bald nicht mehr auf Investoren und Eigentumsverhältnisse, Geldflüsse oder gar die eigentlichen Drahtzieher im Hintergrund rückschließen.

Öffentlich wurden zudem sehr nützliche Verbindungen geknüpft. So genannte Staranwälte sind bei Partys im Milieu ebenso angetroffen worden, wie (ehemalige) Spitzenpolitiker, Prominente aus Film und Fernsehen, Richter und Polizisten.

Andere deutsche Zuhälter und Investoren suchten nach neuen Geschäftspraktiken, veränderten ihr Äußeres und ihre Strategie, traten bei Behörden als seriöse Geschäftsleute auf, errichteten stilvolle Häuser in Gold und Marmor, keinesfalls zufällig in Flughafennähe, in der Nähe von Macht- und Behördenzentren (z. B. in direkter Nähe zum Europarat in Straßburg, wo es auch Ärger gab wegen zu naher nachbarschaftlicher Kontakte der männlichen Abgeordneten zu diesem Etablissement!), drangen in Erlebniswelten, Wellnessanlagen und Freizeitparks ein und suchen den Kontakt zum betuchten männlichen Kunden, der Macht hat und es sich nicht leisten kann, in einem gewöhnlichen Laufhaus gesehen zu werden.

Aufwändige und intensiv geführte Ermittlungen ergaben immer wieder, dass auch höchst seriös erscheinende, bestens geführte und selbstverständlich "kriminalitätsfreie" Nobelbordelle von Strohpersonen geführt wurden, hinter denen Tätergruppierungen der Organisierten Kriminalität standen.

Paulus führt einen ganzen Forderungs-
katalog notwendiger Veränderungen auf,
strafrechtliche Veränderungen, Änderungen des
Prostitutionsgesetzes usw., die aus seiner Sicht
die Organisierte Kriminalität erheblich stören
würden. Es wäre großartig, wenn die Politik auf
erfahrene Kriminalkommissare hören würde –
die Gesetzgeber des seit diesem 1. Juli 2017 in
Kraft getretenen Prostituiertenschutzgesetzes
haben es leider nicht getan!

11. Wie sich eine Prostituierte fühlt

Man kann auch heute noch den Ruf einer
Frau für immer ruinieren, indem man Gerüchte
über eine mögliche frühere Escort-Tätigkeit
streut. Prostituierte sind heute fast genauso
verachtet wie zu früheren Zeiten. Ihre größte
Angst ist es, dass sie nie wieder in die "normale"
Gesellschaft zurück finden, weil sie auf immer
stigmatisiert sind, weil sie sich beschmutzt
fühlen. Sie ängstigen sich, dass "es"
herauskommen könnte, dass ihre Kinder und
ihre Enkel es erfahren. Und wenn sie überleben
und der Absprung tatsächlich gelingt, sind sie
auf sehr, sehr lange Zeit kaum in der Lage, eine
normale Beziehung zu führen.

Rachel Moran, die ich bereits zitiert habe, schreibt: "Eine Drogen- oder Alkoholsucht trennt eine arbeitende Prostituierte auf emotionaler und psychologischer Ebene noch mehr von der `durchschnittlichen` Gesellschaft, und in vielen Fällen treibt die Abhängigkeit die Anzahl der Stunden nach oben, die eine Frau sich selbst der Prostitution hingeben muss. [...] Die Frau, die diesem Lebensstil verfangen ist, hat ein derart starkes Gefühl des `Andersseins`, dass [...] es ihr vom Gefühl her nicht als möglich erscheint, eine normale Arbeitsstelle zu finden, sich ausbilden zu lassen oder manchmal auch nur Beziehungen zu Personen außerhalb der Sphäre der eigenen Lebenswelt zu knüpfen. [...] Die Einstellungen und Meinungen gegenüber Prostituierten sind fast nie positiv. Eine Prostituierte wird einzig und allein innerhalb der Sphäre der Prostitution akzeptiert, weshalb sie paradoxerweise beginnt, sich da sicher zu fühlen, wo es am unsichersten für sie ist."[47]

Hicher (s.o.) sagt, sie habe über 30.000 Kunden in ihrer Karriere als Prostituierte gehabt, im Schnitt vier pro Tag. Über 30.000 Mal habe sie Geschlechtsverkehr gehabt, den sie nicht gewollt habe, den ihr ganzer Körper abgelehnt habe. 30.000 Mal habe sie das Gefühl gehabt, verleugnet zu werden, zu einem Nichts reduziert zu werden, eine Roboter-Frau zu sein, 30.000

---

[47] Rachel Moran: "Was vom Menschen übrig bleibt" (2015).

Mal habe sie diese indifferenten Männer ertragen müssen, die sich so sicher über ihre "guten Rechte" waren.[48]

Eine andere Frau erzählt: "Vor ein paar Monaten hab ich mit Manfred, meinem jetzigen Freund, versucht zu schlafen. Es hat nicht funktioniert. Aber bei ihm kann ich mir endlich gestatten zu fühlen, auch das Negative. Neulich hab ich ganz bewusst versucht, ihn zu streicheln, aber ich habe es heulend wieder aufgegeben. Noch nach zehn Jahren konnte ich meinen Geliebten nur streicheln wie einen Freier, ganz unbeteiligt. Und trotzdem ist er der erste, mit dem ich darüber sprechen kann. Wenn er mich streichelt, sagt er oft: `Du schottest dich ab.` Dann liege ich da und bin erstarrt. Orgasmusblockade. Ausgerechnet jetzt kommt der Ekel wieder hoch. Jetzt, wo ich versuche, jemanden zu lieben. Es ist eben alles abgespalten. Als Hure kannst du es dir nicht leisten zu fühlen. Du musst deinen Körper benutzen wie ein Werkzeug. Du langst da hin und machst was oder lässt was mit dir machen, du versuchst es einfach zu erledigen. Und diese Erledigungsmentalität brennt sich in deinen Körper ein. Was hab ich alles an mich

---

[48] Genevieve Duché, zitiert nach Ingeborg Kraus in "Trauma als Voraussetzung und Folge der Prostitution" in: "Mythos "Sexarbeit"", Katahrina Sass (Hrg.) (2017).

rangelassen und in mich rein. Jetzt will ich keine Wichsgriffel mehr auf mir spüren."[49]

Und nachdem sie über ihre manisch-depressive Erkrankung erzählt hat, die sie seitdem hat: "Wenn man einen guten Arzt hat, kann man es wagen, die Schublade mit dem stinkenden Müll aufzumachen. Zwischendurch mal einen Pillencocktail und eine gute Psychotherapie. Und wenn man dann noch einen liebenden Partner hat, kann man vielleicht wieder heile werden. Das ist meine Hoffnung."[50]

Die dänische Ex-Prostituierte Tanja Rahm sagt: "Sie zerbrechen. Sie werden überwältigt von Depression, Angst, Selbstmordgedanken, Albträumen, Flashbacks, Traumata und post-traumatischen Belastungsstörungen. Viele Frauen in Dänemark können nicht schlafen. Viele von ihnen waren jahrelang in Therapie, erholen sich nur sehr langsam, nach all der Gewalt, der sie ausgesetzt waren. Diese Frauen werden von der Gesellschaft als schwach angesehen. Die Medien reden von Prostitution als Sexarbeit, ohne auch nur einen Gedanken an diese Frauen zu verschwenden. Diese Frauen werden gejagt, wenn sie öffentlich darüber sprechen. Sie können nach wie vor niemandem trauen – denn wenn sie aufstehen und öffentlich

---

[49] "Als Prostituierte musst du dich belügen", EMMA Jan. 2007.
[50] Ebd.

darüber sprechen, dann werden sie attackiert, bedroht und zum Schweigen gebracht."[51]

Kraus schreibt: "Diese Frauen leben unter konstanter Angst, der Angst vor gewalttätigen Sexkäufern, der Angst davor, nicht genug zu verdienen, um die täglichen Fixkosten zu begleichen, der Angst davor, krank zu werden, der Angst vor der Polizei, der Angst vor den Zuhältern, der Angst vor den Bordellbesitzern, der Angst vor dem Wettbewerb …"

Und weiter: "Ich wurde von der Weltgesundheitsorganisation WHO darum gebeten, kommendes Jahr auf der Konferenz in Dublin über die psychische Gesundheitssituation der prostituierten Frauen in Deutschland zu sprechen. Was kann ich dazu sagen? Wie ist die psychische Gesundheitssituation von Frauen, die auf ein Stück Fleisch reduziert werden? Sie sind völlig zerstört. Eine Frau, die in einem Aussteigerprogramm für prostituierte Frauen arbeitet, sagte mir, dass es nur sehr wenige Frauen gibt, die es aus der Prostitution herausschaffen. Sie bleiben drin, bis sie körperlich zusammenbrechen. Es ist nur eine Frage der Zeit. Ich fragte mich, warum das so ist. Weil ihr Wille gebrochen wurde. Sie existieren nicht mehr als Personen, die eine Identität und eine Zukunft haben, die sie sich irgendwie vorstellen

---

[51] Tanja Rahm über Gewalt, Traumata und Dissoziation in der Prostitution, Rede auf dem Kongress "Stop Sexkauf", Dez. 2014, München.

können. Wir sprechen hier von komplexen Traumafolgestörungen."[52]

Ganz praktisch bedeutet das permanenten Stress, Zwänge wie die Wiederholung sinnloser Rituale wie dauerndes Waschen oder zehnmal auf Holz klopfen, die vermeintlich Sicherheit schaffen. Das innere Alarmsystem signalisiert ständig: "Das ist ein Mann, Gefahr!"

Flashbacks zu haben (so nennt man das starke, plötzliche Wiedererleben einer vergangenen schlimmen Situation, als wenn sie jetzt gerade passieren würde) ist nochmal eine andere Sache.

Wer jahrelang in der Prostitution war, sagt die Ex-Prosituierte Huschke Mau, der hat natürlich keine oder wenig Berufserfahrung, oft keine Ausbildung. Bleiben nur Jobs mit hoher Stundenzahl und Mindestlohn übrig. Wer gerade aus der Prostitution kommt und mit Traumafolgestörungen kämpft, kann das meist nicht lange durchstehen. Und immer wieder fehlt Geld. Und sie sagt, sie kenne keine Prostituierte, die noch das Selbstbewusstsein habe, sich auf einen angemessenen Job zu bewerben.

Dissoziation bedeutet, dass der Körper ohne Kontakt zur Seele, zur Psyche ist. Die Person fühlt sich nicht mehr. Und muss (wieder) neu lernen, dass das, was sie manchmal fühlt, Hunger ist, und dass sie etwas essen sollte. Oder dass das, was sie gerade fühlt, zeigt, dass sie

---

[52] Ingeborg Kraus: "Das deutsche Modell produziert die Hölle auf Erden", Vortrag in Vancouver, Kanada, 20. Sept. 2016.

friert. Und dass sie sich dann wärmer anzieht. Es ist mühsam zu lernen, dass der Körper Bedürfnisse hat, dass man ihn fühlt, und noch schwerer, dass man gut für sich sorgt. Dass man nicht mehr so scheiße mit sich selbst umgeht, sondern dass man schläft, wenn man müde ist, weil man nicht mehr 24 Stunden im Bordell sein muss, und dass man nicht mehr frieren muss, weil die Zeiten auf dem Straßenstrich ja vorbei sind. Und zu lernen, dass man Situationen, die Schmerzen verursachen, verändern kann ... [53]

Kraus stellt die sehr berechtigte Frage, wofür eigentlich das Leben und die Rechte dieser Frauen geopfert werden: "Verteidigen sie unsere Demokratie? Ist es, um unser Land vor Invasion und Terrorismus zu schützen? Nein, diese Frauen werden dafür geopfert, dass einige Männer Sex haben können, wann immer sie wollen und mit wem und wie sie es wollen. Und das ist das Problem."[54]

12. Wer sind die Freier?

---

[53] www.huschkemau.de
[54] Ingeborg Kraus: "Das deutsche Modell produziert die Hölle auf Erden", Vortrag in Vancouver, Kanada, 20. Sept. 2016.

Es fällt auf, dass es in Deutschland und weltweit nur sehr wenige Untersuchungen über Freier gibt.

Eine der wenigen deutschen Studien ist die Promotion des Sozialwissenschaftlers Udo Gerheim "Die Produktion des Freiers" (2012). Für seine Untersuchung machte er 20 Tiefeninterviews mit Freiern und wertete sie aus. Sein Fazit: Freier weisen keine Besonderheiten auf, sie kommen aus allen Berufs- und Einkommensgruppen, aus allen Klassen, allen Altersgruppen, und auch auf der psychologischen und sozialen Ebene entspricht der Freier dem statistischen Durchschnitt. Da es seit Jahren nur geschätzte Zahlen gibt, geht man von etwa 18 Prozent Dauerkunden aus, das wäre fast jeder fünfte Mann in Deutschland, und man vermutet, dass ca. 80 Prozent aller Männer schon einmal in einem Bordell waren.

Als Gründe für den Sexkauf nennt Gerheim vier zentrale Muster:

- als erstes das Bedürfnis, Lust und Begehren auszuleben, auf der ganzen Bandbreite von schnellem Geschlechtsverkehr bis hin zu ausgefallenen Praktiken.
- Dann gibt es die Männer mit den Wünschen nach Kontakt, nach Zärtlichkeiten, nach einer Gesprächspartnerin. Die Kehrseite davon sind die Freier, die Frauenhass und Gewalt ausleben wollen. Die die Notlage der Frauen bewusst ausnutzen, sie de-

mütigen und zu Verkehr ohne Kondom zwingen.

- Ein weiteres Muster der Freier ist, im Bordell emotionale Krisen auszuagieren, psychische Belastungen oder Depressionen.

- Und als viertes Muster hat Gerheim die Lust der Freier auf ein Abenteuer im Rotlichtmilieu, also einem nichtbürgerlichen, "verruchten" Milieu ausgemacht.[55]

Gerheim: "Das Angebot übersteigt die Nachfrage, wodurch eine Marktmacht der Freier entsteht: Sie können mehr fordern und die Preise drücken. So funktioniert der Kapitalismus. Das bedeutet nicht, dass die Männer während der sexuellen Interaktion gehässig, gemein oder gewalttätig sind. Aber sie verdrängen die Arbeitsbedingungen der Frauen. So wenig, wie wir uns fragen: Wer produziert unsere Jeans und wer baut das Koltan für unsere schicken Smartphones ab?, so wenig fragen sich die Freier: Wo kommt die Frau her? Wie sieht ihr Leben aus? Da greift der Mechanismus: Wofür ich bezahlt habe, darüber muss ich mir keine Gedanken machen, das ist in Ordnung. Über das Geld wird eine moralische Legitimität

---

[55] "Liebe gegen Geld: Warum Männer ins Bordell gehen", Interview mit Udo Gerheim, Frankfurter Rundschau, 25.05.2015.

hergestellt. Das gilt für alle kapitalistischen Produktionsverhältnisse ..."[56]

Zu den Dauerkunden sagt Gerheim, dass aus deren Perspektive die Prostitution ein wahres Schlaraffenland sei, eine patriarchalische Institution, in der Sexualität für den Mann immer verfügbar sei. Alles sei zentriert auf das Ich des Mannes und seine Bedürfnisse, der Mann müsse nicht werben, er müsse nicht befürchten, zurückgewiesen zu werden, und er könne dabei andere Formen von Männlichkeit ausprobieren. Die Freier haben berichtet, dass in diesem sexuellen Kontext so etwas wie ein Strudel entsteht, eine Dynamik, die den Freier immer tiefer hineinzieht. Gerheim folgert daraus, dass es Männern, die "die Früchte des Prostitutionsfeldes genossen" haben, unter Umständen schwerer fällt, in privaten Beziehungen wieder Dinge auszuhandeln und auf die Bedürfnisse ihrer Partnerin einzugehen.

Bei dieser sozialwissenschaftlichen Arbeit muss man berücksichtigen, dass sicherlich nicht die brutalen und gestörten Freier Auskunft gegeben haben und die befragten Männer im Gespräch vermutlich eher Wohlverhalten gezeigt haben, so dass die Ergebnisse leider wenig repräsentativ sind.

Eine französische Studie mit 96 Freiern von Legardinier & Bouamama von 2006 kommt zu

---

[56] "Liebe gegen Geld: Warum Männer ins Bordell gehen", Interview mit Udo Gerheim, Frankfurter Rundschau, 25.05.2015.

diesen Ergebnissen: Danach sind 37 Prozent der Männer in festen Beziehungen, 70 Prozent waren oder sind aktuell in einer Beziehung, über 50 Prozent sind Väter, 46 Prozent zwischen 30 und 50 Jahre alt, beruflich sind sie überdurchschnittlich in gehobenen Positionen.

Freier stellen sich gern als Opfer dar, die Mitleid verdienen. Sie geben als Gründe an, warum sie Sex kaufen: mangelnde Liebe und Zärtlichkeit, Schüchternheit, niedriges Selbstwertgefühl.

Die Freier dieser Studie denken mehrheitlich, dass männliche Sexbedürfnisse etwas Spezifisches seien, allmächtig, nicht unterdrückbar, sie müssten sofort befriedigt werden. Die Frauen seien zu anspruchsvoll, zu egoistisch, zu schwierig, sexuell nicht großzügig genug; man spürte eine Sehnsucht nach einer Zeit, wo alle Frauen gewohnt waren, ihre eigenen Bedürfnisse zurückzustellen. Diese Männer waren deutlich öfter der Ansicht, dass Männer dazu veranlagt seien, Frauen zu dominieren. Ein Teil dieser Männer, nicht die Mehrheit, aber auch nicht wenige, hasste Frauen geradezu und sah Prostitution als eine Möglichkeit, sich an Frauen zu rächen.[57]

Eine recht aktuelle amerikanische Untersuchung von Farley et al. von 2015 fand deutliche Abweichungen zwischen Freiern und Nicht-Freiern: Sexkäufer hatten auch außerhalb

---

[57] Zitiert nach Kraus, "Es gibt kein Recht auf Sex", Ingeborg Kraus, www.trauma-and-prostitution.eu

der Prostitution eine größere Anzahl von Sexpartnerinnen, sie hatten eine stärkere Präferenz für unpersönlichen Sex und beschrieben sich selbst deutlich öfter als sexuell aggressiv. Sie hatten weniger Empathie für Prostituierte und waren öfter der Meinung, dass Prostituierte weniger menschlich seien als andere Frauen.

Und was sagen die Freier selbst? Die Fotografin Bettina Flitner hat 2013 für den STERN Freier im Puff fotografiert und sie nach ihren Gründen, warum sie ins Bordell gehen, gefragt. Hier ein paar Antworten[58]:

Christian, 23, Single, sagt, dass ihm Frauen oft auf den Sack gehen, dass sie Stress machen, wenn man nicht genug Zeit für sie hat. Dass es ihm mit einer Freundin auch oft langweilig wird. Er kommt, wenn er Lust auf Ficken hat, und dann ist er auch wieder weg. Außerdem findet er, dass es das gewisse Etwas hat, für eine Frau zu zahlen. Dann besitzt man sie und kann mit ihr machen, was man will, also Macht ausüben. Er mag's gern ein bisschen härter.

Günther, 55, geschieden, ein Sohn, sagt, dass er einfach viel Sex braucht und gern immer neue Frauen hat. Er war auch in Swingerclubs, aber er fand die Frauen dort eher alt und häßlich. Er steht auf schwarze oder sehr helle Haut, mag keine Silikonbusen oder gespritzte Lippen, und die Frauen sollen nicht zu professionell, sondern

---

[58] stern, 27.06.2013.

eher ganz normal sein. Das Preis-Leistungs-Verhältnis im Bordell findet er gut.

Iwan, 65, Single beschwert sich darüber, dass er normalerweise eine Frau erst zweimal zum Essen einladen muss, das kostet 100 Euro, und dann wird vielleicht nichts daraus. Hier klappt es sofort. Er mag südländische Frauen – Spanierinnen, Italienerinnen, Frauen aus der Domenikanischen Republik. Er hatte auch mal über ein paar Monate eine Kolumbianerin, die schön gebaut war und so richtig Lust hatte. Oder, räumt er ein, sie war eine gute Schauspielerin. Er findet es schade, dass sie dann plötzlich weg war. Und er sagt, dass man es einmal macht und dann noch einmal, und dass man dann "drin" sei, sich daran gewöhne, ins Bordell zu gehen.

Kai, 49, geschieden, zwei Kinder, gesteht, dass er solche Frauen wie im Bordell normaler-weise nie kriegen würde. Und dass er hier auch mal über die Grenzen gehen kann. Anal zum Beispiel würde er sich nicht trauen, draußen eine Frau danach zu fragen. Das kostet im Bordell 100 Euro extra. Er sei nicht für ganz junge Frauen oder für Hungerknochen. Bei ihm dürften sie ruhig einen ganz normalen Busen haben, auch ein kleines Bäuchle, eben eine frauliche Figur. Er geht jetzt schon seit drei Jahren immer wieder zu der gleichen Frau, zweimal im Monat.

Joachim, 58, getrennt, eine Tochter, hatte vor einigen Jahren einen Aufenthalt auf einer Intensivstation und ihm wurde klar, dass das Leben morgen vorbei sein kann. Er kommt etwa einmal die Woche ins Bordell, seit drei Monaten bucht er immer die Gleiche. Wenn man in einen Club geht, sagt er, ist man mit den normalen Frauen nicht mehr zufrieden. Die Figuren! Die haben im Club oft eine 34 oder eine 36! Besondere sexuelle Wünsche hat er nicht und lässt sich gern von der Frau überraschen.

Beziehungen zu Frauen sind zu anstrengend, kosten zu viel Zeit, langweilen. Mann möchte gleich, ohne den Hauch eines eigenen Engagements, zum Ziel kommen. Und ohne zu berücksichtigen, wer die Frau ist und was sie möchte. Also ein totaler männlicher Ego-Trip, bei dem die Frau zur Ware wird. Gekauft! Der Staat erlaubt es ja – also muss Mann sich keine Gedanken machen! So einfach ist das.

Oder Mann traut sich in der Öffentlichkeit nicht an die Frauen, die einen reizen, heran. Und er erwartet natürlich bei seiner Sexpartnerin eine exzellente Figur, auch wenn er selbst kein Adonis ist. Oder er traut sich nicht, über seine Wünsche zu sprechen. Und er genießt eine unechte, vorgespielte "Wärme" und "Vertrautheit", was für die Prostituierten übrigens das Schrecklichste ist: immer wieder vorgeben zu müssen, dass es ihnen Spaß macht, obwohl ihnen alles weh tut und sie sich vor den Männern ekeln, die dann am Ende auch noch kuscheln wollen! Entsetzlich!

Frauen und Kinder können nie eine Ware sein! Menschen sind keine Ware, hier muss dem Kapitalismus ganz klar durch die Gesellschaft eine Grenze gesetzt werden! Weil wir nicht die

Qualen und die Notlagen der prostituierten Frauen in Kauf nehmen dürfen, um Männer zu befriedigen.

Kraus betont: "Prostitution löst nicht die Probleme der Männer, sondern steigert ihre Angst, in eine gleichberechtigte Beziehung zu Frauen zu treten."[59]

Auf der Suche danach, wer die Freier sind, hier nochmal zwei typische Beispiele aus einem Freier-Forum, das sich "lustiges Sexforum, Erotikforum, Hurenforum ohne Zensur" nennt und stolz auf über zwei Millionen gespeicherter Beiträge ist. Die Frauen werden detailliert bewertet und es scheint den Männern Spass zu bereiten, quasi direkt nach dem Treffen mit einer Frau einen Eintrag im Forum zu machen und genau zu beschreiben, was sie mit ihnen angestellt haben und wie potent sie waren:

"Als nächstes hab ich dann im Liegen ihre Französisch-Kenntnisse abgefragt, allerdings reichten die nur für eine schwache Drei. Sie hat mein Teil etwa zur Hälfte in den Mund bekommen und musste dann schon würgen. [...] Dann folgte französisch Teil 2, diesmal im Stehen. Wieder das Aufnahmeproblem. Habe dann erstmal ihre Brüste gefickt und zum Schluss mir in ihrem Mund einen runtergeholt (also sie die Schwanzspitze im Schnäutzchen und ich den Schaft gerieben). Kaum schoss die

---

[59] Ingeborg Kraus: "Das deutsche Modell produziert die Hölle auf Erden", Vortrag in Vancouver, Kanada, 20. Sept. 2016.

erste Ladung in den Mund, da war sie schon auf dem Weg zum Waschbecken, und ich konnte zusehen, wo ich meine restliche Suppe lasse. Nicht mal ein Tuch zum Abwischen gab es."

Oder:

"Liebe Mitstecher, stimmt. Die Realität bleibt etwas hinter den Bildern zurück. Ist aber noch im Rahmen. Typus eher so die polnische Putze von nebenan – was wieder aus meiner Sicht einen spannenden Trashfaktor haben kann. Haut in Ordnung, nicht superschlank, aber gut gehalten. Handwerklich eher im Mittelfeld, allerdings recht anständig geblasen. Die Pussi hat genau die richtige Enge, und das hab ich dreimal getestet. Hab in Berlin schon schlechter gefickt – Wiederholungsfaktor 90%."

Die Autorin Bossong schreibt über die Foren und Bewertungen: "Wie in vielen anderen höchst professionell von Freiern verwalteten und vollgeschriebenen Foren wurden auch hier die Prostituierten wie irgendein Artikel von Amazon bewertet, nur mit weniger Wertschätzung und ohne die emotionale Anteilnahme, die man einem neu erworbenen Akkubohrer oder Werkzeugkasten entgegenbringt, der von nun an schließlich zu einem gehört. Eine Prostituierte aber lässt man gleich wieder aussteigen. [...] Beim Kauf von Prostituierten ist alles ungleich größerer Willkür und Mißachtung überlassen als bei nahezu jedem anderen Konsum."[60]

---

[60] Nora Bossong: "Rotlicht" (2017).

Zum Schluss dieses Kapitels möchte ich nochmal Huschke Mau zu Wort kommen lassen. Auf ihrer Homepage schreibt sie über Freier:

"Wie Freier so sind, ist völlig unterschiedlich. Ich hatte Freier, die wollten mich an der Scheibe eines Hochhauses vögeln und danach gern anspucken, auf allen Vieren krabbeln lassen und mir ins Gesicht spritzen. Ich hatte Freier – sehr viele – die mich gefragt haben: `Was kostest du?`, und die damit eingestanden haben, dass es sich hier nicht um Sex-, sondern um Frauenkauf handelt. Ich hatte Freier, die haben mich auf so eine widerliche Art angegrinst, wenn sie merkten, dass ich Schmerzen hatte (mein erster Freier war so einer). Ich hatte Freier, die haben Drogen mitgebracht, um sie mit mir gemeinsam zu konsumieren. Ich hatte Freier, die es geliebt haben, meine Grenzen zu überschreiten und genau das zu tun, was nicht abgemacht war. [...] Manche haben genau gemerkt, dass ich nicht wollte, haben aber trotzdem weitergemacht. Manche waren pervers oder pädophil, manche haben schon im Hausflur des Wohnungsbordells gewichst. [...] Es hat Freier gegeben, die waren von sich selbst und von ihren sexuellen Leistungen derart überzeugt, dass sie mir unterstellten, ich würde mich schämen, `dafür auch noch Geld zu nehmen`, denn ich hätte doch `auch was davon gehabt`. Es gab Freier, die haben an den Preisen herumgehandelt, und mir, wenn ich mich nicht runterhandeln ließ, vorgeworfen, es ginge mir nur ums Geld und ich solle `wieder Mensch werden`. Ganz so, als seien Prostituierte eine Art Caritas-Station für Männer. [...] Ich weiß nicht, wie oft ich gefragt wurde, ob ich `gern ficke`, während ich an die Decke oder auf meine Nägel geguckt habe, ich weiß nicht, wie oft ich von Freiern gehört habe, es wäre `leicht verdientes Geld`. [...] Viele hatten Spaß daran, mich zu quälen, endlos lange zu ficken, bis mir einfach alles wehtat, [...] einer war Christ und weigerte sich, nachdem das Kondom abgerutscht war, seine Personalien dazulassen und sich an den Kosten für die Pille danach zu beteiligen, denn das sei `unmoralisch und außerdem Mord`, [...] und viele haben sich entschuldigt, wenn sie keinen hochgekriegt haben, denn jetzt hätte ich ja nichts davon."[61]

---

[61] https://huschkemau.de/

13. Was es mit einem Paar machte, dass der Mann ins Bordell ging

Es scheint immer noch ein stark scham-besetztes Thema zu sein, das Paare wohl eher mit sich selber ausmachen – oder mit ihren Therapeuten. Umso bemerkenswerter ist die Aufarbeitung dieses Paares: Alice Schwarzer und Chantal Louis haben 2012 ein Gespräch mit einem Paar geführt, bei dem der Mann der Frau eines Tages gestanden hatte, mehrfach ins Bordell gegangen zu sein.[62] Vieles an diesem Gespräch ist überraschend. So ist die betroffene Frau sofort in die Offensive gegangen, hat ihren Mann rausgeschmissen und sich an die Öffentlichkeit gewandt, weil sie schon im Voraus wusste, dass man ihr die Schuld geben würde, nach dem Motto "Wenn du mit deinem Mann nicht schläfst, musst du dich nicht wundern, dass er ins Bordell geht." Sie war aber in der Sexualität die Offenere und Aktivere gewesen! Ihr Mann war damit nicht klar ge-kommen. Auf die Frage, warum er ins Bordell gegangen ist, antwortete er: "Eine sexuell aktive Frau bedeutet, dass man sich als Mann bemühen muss. Da kann man nicht einfach sagen: `Leg dich hin, ich steig jetzt auf dich drauf`, wie man das zu einer Prostituierten sagen kann. Hinzu kam: Ich habe mir meine eigenen sexuellen

---

[62] "Hilfe, mein Mann geht ins Bordell!", EMMA, 10/2012.

Wünsche nicht eingestanden. Da war nicht wirklich Spezielles, aber ich habe ganz allgemein nicht zu meiner Sexualität gestanden. Das ging so weit, dass ich eigentlich gar keinen Sex mehr wollte. Meine Frau hat die Kommunikation darüber zwar immer angeregt, aber ich bin dem ausgewichen."

Auf die Frage, ob er mit anderen Männern darüber geredet hat, sagte er: "Ernsthaft über Sexualität sprechen konnte ich mit anderen Männern nicht. Da kriegt man irgendwelche Plattitüden um die Ohren gehauen. Das Interessante ist: Keiner gibt zu, dass er selbst zu Prostituierten geht. [...] Wenn man sagt, dass man auch als Mann auf Zärtlichkeit steht, dann wird's schwierig, weil das nicht ins Bild passt. Das ging so weit, dass mich Männer aufgefordert haben: `Los, jetzt sag schon, dass es im Puff toll war!` Und wenn ich gesagt habe, dass ich es nicht so toll fand, haben sie mich als Nestbeschmutzer beschimpft."

Die Ehefrau fühlte sich tief gekränkt, weil er den Sex woanders hingetragen hat. Sie fühlte sich gedemütigt und entwürdigt und ging zu einer Therapeutin.

"Meine Therapeutin meinte, ich solle das alles am besten ganz schnell vergessen. Und dann kam eben auch der Spruch: `Ach, das ist doch nicht so schlimm. Das waren doch nur Nutten. Da war doch kein Gefühl dabei.` Jedem Menschen, der mir das sagt, könnte ich den Hals umdrehen. Denn Sex ohne Gefühl ist Vergewaltigung und sonst gar nichts. Die Frauen lassen sich vergewaltigen, weil Sex die

Zuwendung ist, die sie von jeher kennen. Die schalten sich aus. Man kommt aus dem Trauma des Missbrauchs und der Vergewaltigung nicht raus, wenn man nicht einen Weg findet, sich mit dem Mann auseinanderzusetzen. […] Ich habe also zu meiner Therapeutin gesagt: `Das ist eine Form von Sexualität, die ich nicht bereit bin schönzureden und zu tolerieren.`"

Schließlich hat diese mutige Frau im Internet einen Blog von Petra Dirkes gefunden (sie ist die Autorin des Buches "Zwischenstopp in der Hölle. Mein Mann geht ins Bordell") und mit ihr zusammen ein Internetforum gegründet. Als dann der WDR Frauen für eine Sendung suchte, deren Männer ins Bordell gehen, haben beide, er und sie, die Sendung mitgemacht. Sie haben die Krise überlebt, durch gnadenlose Ehrlichkeit, wie er sagt. Und sie ergänzt: "Ja. Ehrlich sagen, was man fühlt, ohne zu filtern aus Angst, den anderen zu verletzen. Ich habe meine weiblich anerzogene Wutunterdrückung hinter mir gelassen und schreien gelernt."

Anderen Paaren empfehlen sie, die Berichte anderer Betroffener zu lesen, die sich auf erschreckende Weise ähneln. Und: Miteinander reden!

14. Sexualität und "Trieb" im Wandel

Wie wir unsere Sexualität und auch den "Trieb" bzw. die sexuelle Lust ausleben, hat wenig mit unserer Natur zu tun! Diese Verhaltensweisen sind ein Produkt unserer jeweiligen Kultur, unserer Zivilisation und unserer Erziehung – und damit veränderbar.

Ich vermute, dass Euch das jetzt überrascht, weil es uns immer so dargestellt wird, als wäre das alles völlig naturgegeben.

Lange Zeit hatten die Kirche und die Gesellschaft Angst vor der unersättlichen, "kannibalischen" Begierde der Frauen. Eltern suchten über Jahrhunderte die Ehemänner für ihre Töchter nach wirtschaftlichen Kriterien aus, und da Familienbetriebe die Grundlage der Wirtschaft waren, wurden diese streng ge-schützt. Wer da ausscherte, wurde als Gefahr erlebt, so dass nur der Anschein von Untreue schon mal das Leben kosten konnte. Oder unverheiratete schwangere Frauen wurden an den Pranger gestellt.

Später, und das zeigt deutlich, wie sehr Sexualität ein gesellschaftliches Konstrukt ist, entwickelte man ein anderes Bild von der Frau: Sie sei sanft und gewährend, ein Engel ohne eigenen Geschlechtstrieb. Und wer sich da nicht einordnete, wurde passend gemacht: Im 19. Jahrhundert maßten sich zunehmend Mediziner das Recht an, über Frauen zu urteilen und zu entscheiden, was angemessen und was "Krankheit" war – "Mannstollheit" wurde als Krankheit beschrieben, aber ebenso "Frigidität". Den Frauen blieb also nur ein schmaler Grat, um als sittsam und anständig zu gelten. Man hatte auch erkannt, dass die Klitoris ein entscheidendes Organ für die weibliche Lust war. Die Chirurgie war zu der Zeit eine aufkommende Kunst, und man ging Ende des 19. Jahrhunderts sogar so weit, etwa 100.000 Mädchen und Frauen die Klitoris zu entfernen, um "Hysterie" und als pervers angesehene Selbstbefriedigung zu heilen![63]

Heute ist es dann wieder so, dass die Frau möglichst dauernd Lust haben soll (oder doch lieber nicht? Ist sie dann eine Schlampe?), aber sie soll auch den Löwenanteil der Hausarbeit und der Kinderbetreuung übernehmen, und erwerbstätig ist sie auch noch …

Wenn wir mal über die Grenzen Europas gucken, finden wir in Afrika ein sehr schönes Beispiel dafür, wie sehr die Geschlechterrollen von der Kultur der Gesellschaft abhängen: Bei dem Volk der Wodaabe achten die Männer sehr auf ihr Äußeres, schminken sich aufwändig, prüfen dauernd, ob ihr Make-up sitzt, und haben dafür ständig einen kleinen Handspiegel bei

---

[63] Vgl. Marion Hulverscheidt: "Weibliche Genitalverstümmelung: Diskussion und Praxis in der Medizin des 19. Jahrhunderts im deutschsprachigen Raum".

sich. Vielleicht habt Ihr schon mal Fotos von diesen Männern gesehen: Diese Bilder berühren, sie wirken wie eine seltene, schöne Mischung aus männlich und weiblich, etwas, was wir in unserer Gesellschaft kaum zulassen. Es heißt, dass es bei der Brautwerbung der Wodaabe einen dreitägigen Tanzwettbewerb gibt, wobei der schönste Mann gekürt wird. Dieses leider vom Aussterben bedrohte Volk, hat keine hierarchisch gegliederte Sozialstruktur. Die Erbfolge geht über die Männer, die mehrere Frauen haben können. Gleichzeitig genießen die Frauen weitgehende Rechte und können sich auch Liebhaber halten.[64]

Es zählt zu den heutigen Mythen (siehe auch Kapitel 19), die gern immer wiederholt werden, dass der Mann ständig Sex will (und die Frau nicht): In der sexualmedizinischen Sprechstunde stellt es sich so dar, dass sich zwei Drittel der Männer sexuell nicht ausgelastet fühlen, aber auch ein Drittel der Frauen.[65]

Dass Mann und Frau eine völlig verschiedene Erregungskurve haben, scheint widerlegt zu sein, aber die Gefühlslage ist wohl das Entscheidende: Bei vielen Frauen ist psychisches Wohlbefinden wichtig für Lust am Sex. 77 Prozent der Frauen brauchen zum Beispiel Vertrauen, um erregt zu werden, hingegen nur

---

[64] Gesellschaft für bedrohte Völker, 23.04.2005, www.gfbv.de

[65] www.maennerarzt-linz.at

56 Prozent der Männer.[66] Auf jeden Fall sind Stress, Probleme in der Partnerschaft, Wut, Trauer oder Depression Ursachen für Lustlosigkeit bei allen Geschlechtern. Und an die Sexualität wird heute häufig eine sehr hohe Erwartung gestellt, viele Menschen sind auf der Suche nach einem außergewöhnlichen Sexleben und dem perfekten Sex. Auch das kann erheblichen Stress machen. Eine weltweite Durex-Studie kommt zu dem Ergebnis, dass 80 Prozent aller Männer jedes Mal oder fast immer zum Höhepunkt kommen. Laut einer Studie der Frauenzeitschrift "Petra" kommen nur etwa 33 Prozent der deutschen Frauen beim vaginalen Verkehr zum Orgasmus. Das nennt man inzwischen "Orgasm Gap".

Wer nicht kommt, der hatte auch keinen Spaß, oder?

"Unser Verständnis von Sex ist ein sehr männliches", sagt Sexualwissenschaftler Jakob Pastötter, "im Vordergrund stehen Erregung, Erektion, Ejakulation." Sex verlaufe aber vor allem bei Frauen nicht so "linear". Es gebe verschiedene Erregungsniveaus, deren Höhepunkt nicht der Orgasmus sein muss. Er kritisiert, dass das in der allgemeinen Diskussion nicht anerkannt wird und so ein Druck auf die Frauen entsteht, damit Frauen alles Mögliche tun, damit es bei ihnen klappt.

---

[66] "Sind männliche und weibliche Erregungskurven wirklich verschieden?" von Eilert Bartels, 04.09.2017, www.huffingtonpost.de

Zum männlich geprägten Verständnis gehöre auch, dass viele unter Sex ausschließlich das Eindringen des Penis in die Vagina verstehen. Dabei wird aber die Klitoris wenig stimuliert, also sinkt die Chance der Frau, einen Orgasmus zu bekommen.

Und der Höhepunkt steigert natürlich die generelle Zufriedenheit, das eigene Selbstbewusstsein und den Spaß am Sex. Aber sind wir unseren Orgasmus irgendjemandem schuldig? Es ist schade, dass wir es schaffen, selbst diese schönste Sache der Welt unter Leistungsdruck zu setzen.

Lustmangel bei Männern wird sehr ungern thematisiert und wird dann eher noch von den Themen Erektionsstörungen und vorzeitigem Samenerguss überlagert. Für die offensichtlich zunehmende Lustlosigkeit des Mannes (Statistiken zeigen, dass die Zahl der von Männern pro Woche erlebten Koitusse um gut die Hälfte zurückgegangen ist, verglichen mit Untersuchungen vor 30 Jahren) gibt es verschiedenste Ursachen: vielleicht hat er sich in seinem sehr anstrengenden Arbeitsalltag verausgabt, oder er fühlt sich von dem Selbstbewusstsein seiner Partnerin eingeschüchtert, oder er konsumiert massiv Pornos aus dem Netz und kann nicht mehr auf normale Reize reagieren, um nur einige Möglichkeiten zu nennen. Häufig besteht auch die Angst, nicht zu genügen, gerade auch weil der männliche Mythos behauptet, dass ein Mann immer einen hochkriegt und immer kann!

Nicht unwichtig ist dabei auch die Tatsache, dass der Mann seinen Höhepunkt, was seine Potenz betrifft, mit 17 Jahren hat, die Frau dagegen erst ab Mitte 30!

Und man muss auch mal hinterfragen, wieso Lust zu haben als gesund und nicht näher zu begründen angesehen wird und Lustlosigkeit grundsätzlich als nicht o. k. und nicht gesund.

Gerade auch, weil sich zum Beispiel das Phänomen der Sexsucht häuft (was vor allem ein männliches Problem ist) und weil immer wieder deutlich wird, dass bei sexuellen Handlungen von Männern das Ausagieren ganz anderer, nicht sexueller Impulse wie Wut, Hass, Machtbedürfnis oder Spannungsabfuhr im Vordergrund stehen kann.

Sehr, sehr spannend finde ich auch die stark unterschiedlichen Zahlen über Freier in den verschiedenen Ländern der Welt, die allerdings schon älteren Datums sind und von Mansson aus verschiedenen Studien zusammengetragen wurden: Finnland 13% (1999), Norwegen 11% (1992), Schweden 13% (1996), Großbritannien 7% (1991), Niederlande 14% (1989), Schweiz 19% (1992), Spanien 39% (1992), Russland 10% (1996) und USA 16% (1992). [67] Ich vermute, dass es sich bei diesen Zahlen um Dauerkunden handelt. Weitere Zahlen stammen aus dem Buch "Prostitution: une guerre contre

---

[67] "Mythos "Sexarbeit"", Katharina Sass (Hrg.) (2017).

les femmes" von Claudine Legardinier[68]: Japan 37%, Thailand 73%. (Bedauerlicherweise gibt sie zu diesen Daten keine konkreten Quellen an.)

Hier wird ganz klar, dass der Sexkäufer ein Resultat der Erziehung ist, wie die Dominanz der Geschlechter und der angeblich nicht zu bremsende männliche "Trieb" gesehen wird, was in den verschiedenen Ländern offenbar unterschiedlich ist.

Ist es nicht überhaupt erstaunlich, dass die Welt über Jahrhunderte oder Jahrtausende so strikt in "männlich" und "weiblich" aufgeteilt wurde? Dass diese Aufteilung willkürlich und keineswegs biologisch begründbar ist, dafür kennt jede(r) von uns etliche Beispiele: die stämmige, starke, resolute Nachbarin, die die Firma und noch dazu die zahlreiche Familie managt; auf der anderen Seite der zarte, scheue Musiker, der sich am liebsten in seinem Studio vergräbt und neue Sounds ausprobiert usw. Diese Aufteilung, die die Welt lange Zeit in totale Gegensätze teilte – stark/schwach, aktiv/passiv, geistig/körperlich – sollte Ordnung schaffen, wurde aber den einzelnen Menschen meist nicht gerecht.

Kate Millett schätzt in ihrem Buch "Sexus und Herrschaft", dass wir durch die Zwänge dieser übergestülpten Geschlechterrollen nur et-

---

[68] Claudine Legardinier: "Prostitution: une guerre contre les femmes" (2015).

wa 50 Prozent unseres eigentlichen Potentials verwirklichen können.[69]

Millett beschreibt, wie im Leben eines Kindes jeder Augenblick einen Hinweis darauf enthält, was die Gesellschaft von ihm als Junge oder Mädchen erwartet, wie es denken, wie es sich verhalten soll. Und sie führt Untersuchungen von Robert J. Stoller an, bei denen es sehr viel leichter war, bei Missbildungen das Geschlecht physisch durch eine Operation in ein männliches zu verwandeln als die Ergebnisse jahrelanger Erziehung aufzuheben, die das Temperament, die Gesten, das Selbstverständnis, die Persönlichkeit und die Interessen weiblich geprägt hatte. [70]

Eine aktuelle internationale Studie zu der Frage, mit welchen Geschlechterrollen 10-14jährige heute aufwachsen, kommt zu folgendem Schluss:

"Wir haben festgestellt, dass Kinder schon sehr früh den Mythos verinnerlichen, dass Mädchen verletzlich und Jungen stark und unabhängig sind", sagt Robert Blum von der Johns Hopkins University in Baltimore, der diese Studie leitet. Deren Teilnehmer leben in Ägypten, Belgien, Bolivien, Burkina Faso, China, Indien, Schottland, USA usw. (insgesamt 15 Länder weltweit).

"Und diese Botschaft wird ständig untermauert – von Geschwistern, Mitschülern,

---

Kate Millett: "Sexus und Herrschaft" (1971).
Ebd.

Lehrern, Eltern, Verwandten, Geistlichen, Trainern."

Für Mädchen werden ihr Aussehen und ihre Körper zum zentralen Thema gemacht. Jungs sollen unabhängig und stark sein, und so geraten sie eher in körperliche Auseinandersetzungen, greifen häufiger zu Zigaretten und Drogen und haben ein höheres Risiko, bei Unfällen oder durch Suizid zu sterben.

Wagen Heranwachsende aus diesen Rollen auszubrechen, werden sie beschimpft oder gar geschlagen, was bei Jungen ausgeprägter ist als bei Mädchen.

Mädchen müssen in vielen Teilen der Welt früh die Schule beenden und werden zum Teil im Kindes- oder Jugendalter verheiratet, werden schwanger oder Opfer von sexueller Gewalt. Während sich die Welt in der Pubertät für Jungen vergrößert, wird sie für Mädchen kleiner.

Will man verhindern, dass Jugendliche solche schädlichen Geschlechterklischees verinnerlichen, müsste man spätestens zu Beginn der Pubertät gegensteuern, so die Forscher. Aber das ist wahrscheinlich schon zu spät: Eine andere Studie aus den USA zeigt, dass bereits sechsjährige Mädchen andere Mädchen und Frauen seltener als schlau einstufen, und sie schrecken vor einem unbekannten Spiel "für wirklich, wirklich schlaue Kinder" eher zurück als gleichaltrige Jungen.[71]

---

[71] "So mächtig sind Geschlechterklischees", SPIEGELonline, 20.Sept. 2017.

15. Das sich verändernde Männerbild und das Verhältnis zu Gewalt

Wer seid Ihr Männer, die Ihr gelegentlich oder oft Sex kaufen geht, was beschäftigt Euch, was treibt Euch um? Was könnten die Hintergründe sein, dass Ihr ins Bordell geht? Ist es das Bild eines "richtigen Kerls", das Ihr im Kopf habt und das ja in Wirklichkeit, im echten Leben gar nicht zu erfüllen ist? Fehlt Euch Bestätigung, Anerkennung, Beruhigung?

Der "echte Mann" ist groß und stark, kann sich wehren und durchsetzen, kann kämpfen, ist der Fels in der Brandung, weiß für alles eine Lösung, braucht keine Hilfe, ist nie schwach. Er kennt keine Gefühle wie Angst, Unsicherheit, Hilflosigkeit, Isolation, Ablehnung, Unterlegenheit.

Wenn er Gefühle zeigt, fühlt er sich in seiner Geschlechtsidentität bedroht, dann ist er kein richtiger Mann. Also tut er vieles dafür, diese Gefühle selbst möglichst nicht wahrzunehmen und sie sich schon gar nicht anmerken zu lassen. Er hat Kumpels, mit denen er ab und zu ein Bier trinkt. Er ist der Hauptverdiener in seiner Familie, das ist für ihn der Ort der größten Nähe, nie würde er mit anderen als (vielleicht) mit seiner Partnerin über emotionale Belange reden. Dieses (ur-)alte Männerbild ist in unserer Gesellschaft immer noch extrem lebendig.

Natürlich gibt es inzwischen viele von Euch, die anders leben, die gefühlvoll sind, die sich Schwächen gestatten, die sich sehr liebevoll an der Erziehung ihrer Kinder beteiligen. Aber gerade in Zeiten von Verunsicherungen zieht Ihr Euch wahrscheinlich gern auf dieses Männerbild zurück, das Euch ein Gefühl von Sicherheit und Wert vermittelt. Nur: Je starrer ein Mann an diesem konservativen Männerbild festhält, desto bedrohlicher erlebt er Misserfolge, Konkurrenz, fehlende Anerkennung oder auch die Selbstständigkeit seiner Partnerin, und umso größer ist die Gefahr, dass er seine Ängste und seine Unsicherheit mit Gewalt abzuwehren versucht. Denn Gewalt dient vor allem dazu, Gefühle von Hilflosigkeit und Ohnmacht abzuwehren.

2015 gab es offiziell in Deutschland 104.000 Fälle von Gewalt gegen Frauen durch ihre aktuellen oder ehemaligen Partner. Davon waren 331 Morde an Frauen (also fast jeden Tag ein Mord an einer Frau). Zu Vergewaltigungen gibt es pro Jahr 7000 bis 8000 Anzeigen. Eine Dunkelfeldstudie aus Niedersachsen zeigte, dass nur ca. 7 Prozent angezeigt werden, also muss man von rund 100.000 Vergewaltigungen pro Jahr in Deutschland ausgehen! Die Zahlen sind seit langem recht konstant – es ist keine Besserung in Sicht.[72]

---

[72] Tagesschau, 08. März 2017.

Warum gibt es so viel Gewalt von Männern gegen Frauen? Dies ist möglicherweise ein wichtiger Aspekt: Wolfram Jokisch vom Institut für systemische Beratung in Wiesloch behauptet, dass alle Männer Angst vor Frauen haben, auch wenn sie das bestreiten, nicht spüren oder nicht wahrhaben wollen: "Wir fühlen uns in unserem Selbstwertgefühl höchst abhängig davon, durch Frauen wahrgenommen, geachtet, begehrt und versorgt zu werden. Und eben dieses Abhängigkeitsgefühl erzeugt Angst, Verlust-Angst."[73]

Und wenn diese Angst nicht bewusst gemacht wird, wird sie stärker, und die Frau, von der der Mann sich abhängig fühlt, wird mächtig, hat Macht über den Mann. Und da diese Gefühle sehr unangenehm sind, wenn Mann sie zulassen würde, werden sie verdrängt. Aus dieser Verdrängung entstehen zwei Grundformen männlicher Angstabwehr: die Unter-ordnung/Verschmelzung oder die Überord-nung/Distanzierung.

Bei der Unterordnung werden Frauen ide-alisiert, und der Mann passt sich ihnen an. Er möchte sich das Bild der guten Mutter, der unerschöpflichen Quelle, erhalten, indem er so wird, wie die Frauen ihn gern hätten. Daraus resultiert dann der ewige Jüngling, der jungenhafte Geliebte, der Softie oder verweib-lichte Mann. Und Idealisierung schafft Distanz.

---

[73] Wolfram Jokisch: "Die Angst der Männer vor den Frauen" (1995), Institut für systemische Beratung Wiesloch, www.systemische-professionalitaet.de

Die andere Form der Angstabwehr besteht darin, Frauen abzuwerten und sie zu benutzen, auch Gewalt anzuwenden, um auf diese Weise Zuwendung und Anerkennung zu erzwingen, nach dem Motto "Wenn sie mich schon nicht lieben, sollen sie mich wenigstens fürchten." Und da oft der Vater als männliches Identifikationsobjekt fehlt, denkt der heranwachsende Mann, dass Mann-Sein eine Form von Nicht-Frau-Sein bedeutet, also eine Umkehr weiblicher Denk-, Fühl- und Verhaltensweisen. Häufig abgeschaut aus der Umgebung und aus den Medien. Der Mann spielt den Macho in seinen verschiedensten Formen, glaubt sich überlegen und unabhängig, was er in Wirklichkeit nicht ist. Und er verhält sich unverbindlich.

In beiden Fällen, so Jokisch, wird das Selbstwertgefühl als Mann von Frauen bezogen! Und er sagt: "Wesentliche Begegnungen mit dem anderen Geschlecht in seiner Andersartigkeit finden in beiden Formen nicht statt – deshalb auch so viel Suche, Wechsel der PartnerInnen. Unverbindlichkeit verringert die Angst, lässt aber die Seele hungern."[74]

Der Soziologieprofessor und Geschlechterforscher Dr. Rolf Pohl kommt zu ähnlichen Ergebnissen. Er beschreibt das vorherrschende Männlichkeitskonzept so: "Sei autonom und hab

---

[74] Wolfram Jokisch: "Die Angst der Männer vor den Frauen" (1995), Institut für systemische Beratung Wiesloch, www.systemische-professionalitaet.de

alles unter Kontrolle!" Aber bei der Sexualität hat der Mann weder seine Sexualfunktionen noch die Frau unter Kontrolle. Das macht Angst! Eine repräsentative Befragung für die Zeitschrift *Freundin* hat ergeben, dass 84 Prozent der Männer Angst vor Potenzversagen haben, und 88 Prozent haben Angst vor Frauen. Diese Ängste werden häufig durch eine Kontrollphantasie kaschiert: "Ich kann immer, sie will immer." Je abhängiger sich der Mann fühlt, desto stärker werden Kontrolle und Gewalt.

Pohl fasst das Männlichkeitsdilemma so zusammen: Die Geburt und Aufzucht durch die Mutter und die durch Frauen ausgelöste Erregung bestätigen die grundlegende Abhängigkeit des Mannes, die auch durch verzweifelte Abwehrbemühungen nicht verschwindet. Damit entlarvt sich die Idee von der überlegenen Unabhängigkeit des Mannes als Illusion! Und gerät er in eine Krise, dann wird diese als eine Krise der Männlichkeit erlebt, nicht der Person, und die Schuld dafür wird oft den Frauen angelastet.[75]

Pohl weiß, dass wir gesellschaftliche Stereotype verändern können, wenn wir wollen! Er sagt: "Man muss an die Wurzeln gehen. [...] Die Angst, die dem zugrunde liegt, kommt nicht zur Sprache. Über diese Angst müssen wir reden, nicht erst über ihre Konsequenzen, die Gewalt."

---

[75] "Männliche Sexualität", Ulrich Meier, Rolf Pohl, Reinhold Hermann Schäfer (2010).

Und: "So lange es gesellschaftlich verpönt ist, dass Männer ihre Hilfsbedürftigkeit zugeben, kann sich das Gefüge nicht ändern."

Elisabeth Raether und Tanja Stelzer haben in ihrem Artikel "Das geschwächte Geschlecht"[76] eine Menge Daten zu Männern zusammengestellt. Hier ein Teil der erschütternden Zahlen:

- Zwei Drittel der Sonder- und Förderschüler sind männlich.
- Männer stellen 93 Prozent der wegen Mordes, Mordversuchs oder Totschlag Inhaftierten.
- Und wenn man von Sexualdelikten absieht, sind zwei von drei Gewaltopfern ebenfalls Männer.
- Die Selbsttötungsrate ist in allen Altersgruppen dreimal so hoch wie bei Frauen.
- Amokläufe werden fast ausschließlich von Männern begangen.
- Obdachlosigkeit ist hauptsächlich ein Männerproblem.
- An Folgen von Alkohol sterben dreimal so viele Männer wie Frauen.

Sie zitieren Gilles Duhem, einen Politologen, der in Berlin-Neukölln einen Förderverein mit einem Mentorenprogramm für Schüler aufgebaut hat. Er sagt: "Für Jungs ist das Problem, dass keiner sie erzieht. Die Kinder hier

---

[76] Elisabeth Raether u. Tanja Stelzer: „Das geschwächte Geschlecht", ZEITonline, 02. Jan. 2014.

wachsen praktisch vaterlos auf, was für Jungs fatal ist. […] Die Jungs kommen in die Schule und haben noch nie in ihrem Leben ein Bilderbuch angeguckt. Die haben keine Ahnung von nichts. Und dann sollen sie plötzlich mit Streit zurechtkommen. Gespräche führen, Konflikte besprechen, Gefühle benennen und kontrollieren, sich in unserer zivilisierten, feminisierten Welt zurecht finden. Sie werden fast ausschließlich von Frauen unterrichtet, von Frauen 50plus. […] Die Jungs haben hohe Ansprüche, die sie von den vorangegangenen Generationen geerbt haben – der Mann war schließlich immer der Boss."

Auch am oberen Ende der Gesellschaft ist für Euch Männer nicht alles gut. Heiner Thorborg, ein Headhunter, wird so zitiert: "Wenn es eine Position zu besetzen gibt, fragen sie sich nicht, ob sie das können. Sie fragen sich, wie viel sie verdienen, wie viel Ansehen der Job bringt. Ich denke mir, vielleicht sind Männer so gedrillt worden über all die Jahrhunderte. […] Die Souveränität, zuzugeben, dass sie in zu großen Schuhen stecken, haben nicht viele. Lieber leiden sie. Depression, Alkohol, Tabletten – diese Spirale ist gang und gäbe."

Die Autorinnen Raether und Stelzer resümieren, dass wir im Zeitalter des "Innenlebens" leben: Der Alltag besteht nicht mehr aus Jagen und Kämpfen und immer weniger aus physisch anstrengender Arbeit, sondern vor allem aus Kommunikation, aus Gesprächen mit Kindern, Ehefrauen, Mitarbeitern. Die alle sind nicht mehr Befehlsempfänger des Patriarchen, sondern verlangen, dass man mit ihnen spricht. Wer seine Gefühle nicht kennt, kommt da nicht weit.[77]

In einem Interview mit Patrick Catuz betont Klaus Theweleit, Schriftsteller und Kulturtheoretiker und einer der ersten Autoren der deutschen und internationalen Männerforschung, aber auch die positive Seite: Er sieht die Rolle des Mannes, wie sie ihm früher im Militär, aber auch sonst aufgezwungen wurde, als sehr belastend an, als Quälerei, voller Drohungen, ein Zwangskorsett. Er nennt das alte Bild einen Unterdrückungsmann, der sich selbst beherrscht hat, was aber auch immer die Gefahr der physischen Vernichtung von anderen mit beinhaltete. Bestrafen, prügeln, wenn ihm der Kragen platzte. Und der Mann hat seine eigene Anspannung motorisch abreagiert, statt zum Psychiater zu gehen, so kann man eine Menge überdecken. Aus Theweleit's Sicht gibt es nicht mehr dieses eindeutige Raster: dies ist männlich, dies ist weiblich. Aber für ihn ist es eine Erleichterung, ein ungeheurer Zuwachs an Möglichkeiten für den Mann, eine objektiv größer gewordene Freiheit und Entwicklungsmöglichkeit. Er erlebt Männer heute viel lockerer und freier – allerdings muss das neue Rollenbild selbst entwickelt werden. Und er stellt die Frage, wie man ein Mann wird, der diese größere Freiheit aushält? Auch er beklagt, dass die Schulen es

---

[77] Ebd.

nicht vermitteln, wie man Beziehungen miteinander entwickelt, sondern dass sie vor allem
einen hohen Leistungsdruck aufbauen.[78]

Andere Männer sehen die neue Rolle des
Mannes problematischer: In einem Interview zu
seinem neuen Roman "Die Erziehung des Mannes" sagt der Schriftsteller Michael Kumpfmüller: "Die männliche Sexualität ist domestiziert." Und: "Das ist ja so ein Postulat der
Frauenbewegung: Reden soll der Mann, zärtlich
sein, das Vorspiel verlängern. Als ob das nie
auch ein Bedürfnis des Mannes gewesen wäre,
eine Zärtlichkeitserfahrung zu machen. [...] Man
kann es nur falsch machen. Natürlich ist das alles
auch für Frauen schwierig. Aber die Koexistenz
von emanzipiertem Auftreten, beruflichem
Erfolg und einer forcierten Weiblichkeit kann
die Frau besser integrieren als der Mann den
impliziten Befehl, dass er gleichzeitig der
Ansager sein muss und der Partner. Ich weiß
nicht, wie das gehen soll. Man müsste darüber
sprechen und auch gemeinsam darüber lachen:
Lass mich dein Hengst sein – und fünf Minuten
später räume ich die Spülmaschine aus."[79]

Charles Meyer, der zusammen mit Peter A.
Schröter das Buch "Die Kraft der männlichen
Sexualität" geschrieben hat, sagt in einem

---

[78] Klaus Theweleit im Interview mit Patrick Catuz,
youtube, 01.12. 2014.
[79] "Die männliche Sexualität ist domestiziert",
Interview mit Michael Kumpfmüller, welt.de,
02.05.2016.

Gespräch mit Franziska Meiers (Dez. 2003) auf die Frage, wie sich die Emanzipation der Frauen auf die männliche Sexualität ausgewirkt habe:

"Verheerend. Wir sind als Täter hingestellt worden und haben uns schlecht gefühlt. Wir sollten Softies werden. Doch das war eine Sackgasse. Dazu kam der Leistungsdruck in der Sexualität. Seit den 50ern des letzten Jahrhunderts, als man den Orgasmus der Frauen entdeckte, stehen wir Männer in der Pflicht, die Frauen zu befriedigen. Das stresst und verhindert ein lustvolles, neugieriges Spielen in der Sexualität."[80]

Ja, das ist schon sehr blöde, dass heute auch noch die Frauen befriedigt werden müssen! Wo sind die guten alten Zeiten geblieben?

"Solange wir uns als Gesellschaft nicht weigern zu akzeptieren, dass Blau für Jungen und Rosa für Mädchen sein soll, haben wir den Krieg [gegen das alte Männerbild] schon verloren", sagte der 25jährige Jack Urwin in seinem 2016 erschienenen Buch "Boys don't cry". Anlass für Urwin, dieses Buch zu schreiben, war der frühe Herztod seines Vaters, der trotz Beschwerden nicht zum Arzt ging und der nicht in der Lage war, über seine emotionalen Probleme mit irgendjemandem zu sprechen. Die Familie hat unter diesem Tod gelitten, und der Sohn hat sich erst einmal genau so verhalten wie der Vater: sprachlos. Sein Credo heute: Sprecht! Endlich! Über! Eure! Gefühle!

---

[80] www.axellebert.org/de/charles-meyer.html

"Unsere gesellschaftliche Auffassung von Männlichkeit schadet nicht nur emotional verkümmerten Männern, sondern jedem einzelnen Menschen auf dieser Welt, ungeachtet von Gender, Sexualität und anderen Faktoren."[81]

Und die Prägung fängt beim Kleinkind an. Urwin hat beobachtet, dass Kinder, die sozialen Erwartungen nicht entsprechen, oft von dem, was sie gewählt haben, abgebracht oder deswegen verspottet werden, sogar von ihren Eltern. Dabei wird auf Jungen mehr Druck ausgeübt, sich den "richtigen" Spielen zuzuwenden. Mädchen bekommen aus seiner Sicht mehr Spielraum. Der Fortschritt der Frauenrechte hat sie – zumindest in der westlichen Welt – in Bereiche gebracht, die einst strenge Männerdomänen waren. Aber eine entsprechende Bewegung von Männern in traditionell weibliche Territorien hat nicht stattgefunden, die männlichen Ideale haben sich im Vergleich dazu wenig geändert.

"Wenn Menschen männliche Aggression als unvermeidlichen Teil unserer Natur verteidigen, ist das für Männer schlicht eine Möglichkeit, sich der Verantwortung für ihr beschissenes Verhalten zu entziehen. Es erlaubt Männern, eine sehr gefährliche Haltung innerlich zu rechtfertigen, schließlich gilt sie als männlich. Und es wischt zehntausende Jahre menschlicher Evolution vom Tisch [...]"[82]

---

[81] Jack Urwin: "Boys don't cry", 2016.
[82] Ebd.

Urwin sieht eine wesentliche Ursache in der alles dominierenden Angst der Männer, entmännlicht zu werden. Aus dieser Angst resultiert eine Art Karikatur männlichen Verhaltens, die häufig toxisch [=giftig, schädlich] wird, so Urwin.

"Toxische Männlichkeit in ihrer grundlegenden Ausprägung ist nichts anderes als aus Unsicherheit geborene Überkompensation: eine übertriebene Zurschaustellung von Verhaltensweisen und Handlungen, die man als männlich erachtet."[83]

Wer als Junge mit dem Satz "Ein Junge weint nicht!" erzogen wurde, begreift vielleicht als Mann, wie absurd das ist.

"Über seine Gefühle sprechen zu können ist lebensnotwendig, aber so schwierig, dass es eine echte Herausforderung ist, wenn man es als Erwachsener erst noch lernen muss."[84]

Als zweiten wichtigen Faktor, der Männer daran hindert, sich stärker in Richtung der Domänen der Frauen zu bewegen, identifiziert Urwin die Homophobie. Es geht also nicht nur um die Sorge, dann zu "weiblich" und damit "unmännlich" zu sein, sondern auch um die Angst, dann als "schwul" verdächtigt zu werden. Unsere Gesellschaft hat durch die Jahrhunderte der Verfolgung und Ermordung der Homosexuellen in der Tat ein sehr mächtiges Verbot, einen mächtigen Schutz aufgebaut vor der Tür, die in "weibliche" Territorien führt. So

---

[83] Ebd.
[84] Ebd.

mancher Junge, so mancher einfühlsame Mann hätte diese Tür gern durchschritten, aber der Preis ist zu hoch:

"Homophobie ist real, sie ist weit verbreitet, und sie ist hauptsächlich ein Problem heterosexueller Männer und ihrer Vorstellung von Männlichkeit. [...] Wenn ,sich schwul verhalten' zu den Dingen gehört, wegen derer man mit größter Wahrscheinlichkeit verspottet oder verprügelt wird, überrascht es nicht, dass die meisten Jungen alles tun, um hetero rüberzukommen."[85]

16. Auswirkungen der Prostitution auf unsere Gesellschaft

Können wir davon ausgehen, dass ein Freier genau unterscheidet zwischen den Frauen, die er kaufen und denen er seinen Willen aufzwingen kann, und denen, die er zu respektieren hat und die mit ihm auf Augenhöhe stehen? Wohl eher nicht.

"Es beeinflusst die Art und Weise wie du das andere Geschlecht siehst, graduell über die Zeit geht es von der reinen Erfahrung in deine

---

[85] Ebd.

Persönlichkeit über. Wenn ein Mann oft bei Prostituierten war wird er denken, dass jede Frau mit der er Kontakt hat wie eine Prostituierte ist."[86]

Oder:

"Wo Prostitution ist, generalisieren Männer von einer kleinen Gruppe: Wenn man Sex von Frauen kaufen kann, dann kann ich Sex von allen Frauen kaufen. Wenn sie Geld nicht akzeptieren, dann werde ich meinen Sex mit ihnen so oder so haben."

So zitiert Martin Gutlederer Freier in seinem Artikel "Prostitution und ‚Rape Culture'"[87]. Diese Zitate stammen aus einer Studie von Melissa Farley et. al. aus dem "Journal of Interpersonal Violence" von 2015, in der Unterschiede zwischen Freiern und Nicht-Freiern untersucht wurden. Die Studie kam zu dem Ergebnis, dass Freier im Vergleich zu Nicht-Freiern zu einer deutlich erhöhten "Hostile Masculinity" (feindlichen Männlichkeit) neigten. Damit ist ein Verhaltensmuster gemeint, das durch frauenfeindliche Ansichten, einem Wunsch nach Kontrolle und Dominanz über Frauen und dem Anhängen an Vergewaltigungsmythen (zum Beispiel Frauen wollen Opfer sein) auffällt. Die Freier geben an, dass sie eher zu gewaltvollem sexuellen Verhalten neigen. Und sie geben häufiger als Nicht-Freier an, dass sie

---

[86] Martin Gutlederer: "Prostitution und Rape Culture", www.derfunke.de 14.07.2016.
[87] Ebd.

eine Frau vergewaltigen würden, wenn dies straflos und unentdeckt bleiben würde.

Gutlederer betont, dass Prostitution eine bereits bestehende "Rape Culture" gegenüber allen Frauen verstärkt, die darin besteht, dass sexuelle Übergriffe auf Frauen verharmlost werden und ihnen oftmals eine Teil- oder Gesamtschuld zugeschrieben wird, wenn sie Opfer von Gewalt werden.

Eine aktuelle (und extrem seltene) Befragung von 2.700 Schülerinnen und Schülern an hessischen Schulen ergab: 40 Prozent der Mädchen hatten sexuelle Kommentare und Beleidigungen erlebt, jede dritte wurde in den Sozialen Medien sexuell belästigt, jede sechste beklagte, dass jemand über sie Gerüchte sexuellen Inhalts im Netz verbreitet hatte. Jedes dritte Mädchen wurde gegen ihren Willen in sexueller Form am Körper berührt, jede zehnte an der Scheide, ebenfalls jede zehnte erklärte, dass jemand versucht hatte, sie zum Geschlechtsverkehr zu drängen bzw. zu zwingen.[88]

Es wird deutlich: männliche Gewalt, physische und psychische Ausbeutung und Vergewaltigung von Frauen bleibt durch die Allgegenwart von Prostitution gesellschaftsfähig.

Was macht das mit unserer Gesellschaft, in der die Gleichberechtigung zwar seit 1949 im

---

[88] "Gewalt gegen Schülerinnen", EMMA, Sept./Okt. 2017.

Grundgesetz verankert ist, um die wir aber in der Realität immer wieder ringen müssen?

Welches Frauenbild wird vermittelt, wenn die Frau das käufliche Geschlecht ist?

Kann ein Mann Frauen noch ernst nehmen als wichtige Gegenüber, als Chefinnen, Lehrerinnen, Parteikolleginnen usw., wenn er Frauen an der nächsten Straßenecke kaufen kann?

Wird er nicht automatisch die Büroleiterin von oben bis unten scannen, Busen, Hintern, Beine?

Wir möchten nicht von Euch wie "Frischfleisch" oder ein Objekt angesehen werden!

Wird es jemals ein Ende haben, dass viele von Euch versuchen, uns Frauen auf unser Äußeres zu reduzieren?

Wir sind vor allem erst einmal Menschen, die seit einigen Jahrzehnten gemeinsam mit Euch die Welt gestalten, und wir arbeiten mit Euch an einer möglichst lebbaren, menschlichen Zukunft.

Hört endlich auf, uns in die Soliden (Heiligen) und die Huren aufzuspalten, wie die Kirchen es seit Jahrhunderten getan haben!

Können wir Frauen darauf vertrauen, dass Ihr Männer Euch zusammen mit uns emanzipiert, dass Ihr Euch mit uns entwickelt statt auszuweichen und ins Bordell zu gehen, wo Ihr für Sex nur ein paar Euros hinzulegen braucht und keinem Gespräch, keinen Erwartungen standhalten müsst?

Und wo Ihr Euch nicht um Wünsche oder die Lust Eures Gegenübers zu kümmern braucht?

Wie würdet Ihr Euch fühlen, wenn wir Euch kaufen und benutzen würden?

Und was lernen unsere Kinder über unsere Welt? Frauen in Dessous, aus denen üppige Brüste quellen, räkeln sich überlebensgroß an Bushaltestellen und Häuserwänden, am Einkaufszentrum und vor dem Fußballstadion. Klar: Frauen sind das käufliche Geschlecht! Und Schüler diskutieren inzwischen darüber, ob sie sich für 5 Euro einen Burger holen oder sich lieber einen blasen lassen.[89]

Es ist grotesk: Werbung für Zigaretten oder McDonalds ist im Umkreis von Schulen und Kindergärten verboten, Werbung für Bordelle nicht!

Übrigens regen sich nicht nur Frauen darüber auf, sondern auch Männer, denn es geht ja auch um das Männerbild, das im Kontext der Prostitution verbreitet wird.

Inge Hauschildt-Schön, Sprecherin der Marburger Bürgerinitiative gegen Bordelle, stellt fest, dass in der öffentlichen Diskussion völlig die Hinweise auf die fatalen Auswirkungen fehlen, die die Verhältnisse in der Prostitution auf das Aufwachsen der jungen Generation hat:

- Kinder und Jugendliche wachsen mit der Vorstellung auf, dass Prostitution "normal" ist. Sie kennen aus dem Internet und den Medien die Werbung

---

[89] Inge Hauschildt-Schön: "Prostitution geht uns alle an", www.huffingtonpost.de 17.07.2014.

dafür, in der Frauen objektiviert dargestellt werden. Diese Perspektive auf
Frauen und Männer beeinflusst ihr
sexuelles Verhalten.

- Heute suchen schon Jugendliche und
  sehr junge Männer Prostituierte auf:
  Junggesellenabschiede finden in Bordellen statt, Abiturabschlussfeiern von
  männlichen Abiturienten enden im
  Bordell oder Laufhaus. Die Sexkäufer
  werden immer jünger.

"Die Auswirkungen dieser Entwicklung be-
treffen jedes einzelne Mitglied unserer Gesellschaft – direkt oder indirekt. Die Zivilgesell-
schaft – WIR – haben alle Kinder, Enkel, Brüder,
Schwestern, Nichten, Neffen etc. und wir
möchten nicht, dass diese jungen Menschen ihr
sexuelles Verhalten an Bildern und Vorgaben
aus Pornografie und Prostitution orientieren,
bevor sie überhaupt ihre eigenen sexuellen
Bedürfnisse entdecken konnten. […] Und wir
wollen nicht zusehen, wie diese VOR-Bilder
Sexualität enthumanisieren, hauptsächlich auf
Kosten der Frauen, aber auch so mancher
Männer. […] In einer solchen Gesellschaft
wollen wir nicht leben und müssen es auch
nicht."[90]

---

[90] Ebd.

17. Lösungsansätze in anderen Ländern und unser neues Prostituiertenschutzgesetz

Der mittlerweile miserable Ruf der Bundesrepublik Deutschland im Hinblick auf die sexuelle Ausbeutung von Frauen und Kindern beschränkt sich nicht nur auf die ost- und südosteuropäischen Länder, aus denen die Opfer rekrutiert werden. Aber dort ist das Unverständnis natürlich besonders groß.

Das Innenministerium von Albanien bringt inzwischen einige Frauen, die Opfer von Menschenhandel und Sexsklaverei bei uns geworden sind und die fliehen konnten, in weit abgelegenen und von bewaffneten Sicherheitskräften geschützten Häusern unter, wo sie normale Berufe erlernen. Es sind Opferschutzmaßnahmen, die auf Vorgaben der EU für eine angestrebte Mitgliedschaft Albaniens in der EU beruhen.

Elina, 19 Jahre alt und dem Horrortrip durch die Sexzentren deutscher Großstädte entronnen, stellt die Frage: "Warum gibt es so etwas in Ihrem Land? Warum kann und darf es so etwas in Deutschland geben?"[91]

Auch in Frankreich löst die Haltung der Bundesrepublik Verwunderung und Irritationen

---

[91] Manfred Paulus: "Außer Kontrolle", in "Die Kriminalpolizei", Zeitschrift der Gewerkschaft der Polizei, Juni 2013.

aus. Frankreich hat sich 2016 dem "Schwedischen Modell" angeschlossen, wonach nicht die Prostituierten kriminalisiert werden, sondern die Freier. Ohne Freier keine Nachfrage, also kein Markt.

Auch eine junge thailändische Journalistin der "Bangkok Post" berichtete über die deutschen Sexkäufer und von der sexuellen Ausbeutung der Frauen und der Kinder des Landes – in deutschen Puffs wie am Golf von Siam.

Und der Bürgermeister des tschechischen Grenzstädtchens Cheb beklagte sich immer wieder über den weltweit schlechten Ruf seiner Stadt, was weniger seinen Landsleuten als den Freiern und Pädokriminellen aus Deutschland zu verdanken ist.[92]

Das EU-Parlament schätzte 2014 die Prostitution als Menschenrechtsverletzung und Form der Gewalt gegen Frauen ein und gab eine Empfehlung an alle Mitgliedsstaaten, die Prostitution in ihren Ländern zu verbieten entsprechend dem "Schwedischen Modell". Dieses Modell hat Schweden im Januar 1999 eingeführt, und Norwegen, Island, Irland, Kanada (2014) und jetzt auch Frankreich haben sich dem angeschlossen. Andere Länder wie Finnland denken darüber nach.

Was ist das "Schwedische Modell"? Das Gesetz verbietet den Kauf und die Vermittlung sexueller Dienstleistungen, nicht aber das An-

---

[92] Ebd.

bieten. Prostituierte werden nicht verfolgt, Sozialstationen unterstützen sie und bieten Ausstiegshilfen an.

Als dieses Gesetz 2014 15 Jahre in Kraft war, wurde Bilanz gezogen: Prostitution verschwindet dadurch nicht völlig vom Erdboden, aber es gab deutlich weniger Prostituierte als vorher und als in den Nachbarländern. Die Zahlen sind in Schweden von etwa 3.000 auf 1.000 zurückgegangen. Und die Annahme, dass Prostitution nur von der Straße ins Internet verschwunden sei, wird wirksam entkräftet durch den Satz: "Wenn die Freier die Prostituierten finden, kann die Polizei das auch."

2013 gab es 350 Anklagen gegen Freier, fast immer Geldstrafen, nur viermal Gefängnis.[93]

In einem anderen Artikel gibt es weitere Zahlen: In Schwedens Hauptstadt Stockholm gab es 2007, also nach acht Jahren Gültigkeit dieses Gesetzes, 105-130 Prostituierte, Straßenstrich und Internet zusammengenommen. In Norwegens Hauptstadt Oslo (noch ohne das neue Gesetz) 5.000 Frauen. Schweden hatte zu der Zeit nur noch wenig Probleme mit Menschenhandel: Jährlich wurden geschätzt 400 bis 600 Ausländerinnen nach Schweden gebracht, nach Finnland 10.000 bis 15.000.

Etwa 80 Prozent der Bevölkerung finden das Sexkauf-Verbot gut. Teil des Gesetzes ist, dass SozialarbeiterInnen in die Schulen gehen und dass schon GrundschülerInnen vermittelt wird,

---

[93] "Niemand prostituiert sich freiwillig", FAZ net, 13.04. 2014.

dass Sexkauf gegen die Menschenrechte verstößt.[94]

Natürlich gibt es auch Schattenseiten dieses Gesetzes: So ist das Leben der Prostituierten dadurch schwerer geworden, dass die "netten" Freier weggeblieben sind, aber nicht die gestörten.

In den USA ist Prostitution in allen Bundesländern außer Nevada verboten, wobei die Länder es unterschiedlich handhaben: Immer ist das Anbieten, manchmal auch die Nachfrage strafbar, wobei das manchmal sehr lax, teilweise sehr streng gehandhabt wird.

In San Francisco gibt es seit Ende der 1990er Jahre eine sogenannte "Schule für Freier", das sind drastische Kurse für Männer, die zum ersten Mal beim Sexkauf erwischt wurden.[95] Sie müssen für den Kurs bezahlen, werden mit wütenden Ex-Prostituierten und ekligen Bildern konfrontiert, und wenn sie den Kurs absolviert haben, wird ihr Eintrag in der Strafakte gelöscht, aber nur beim ersten Mal. Insgesamt hatten 1999 etwa 2.800 Männer diesen Kurs absolviert, und es soll nur 27 Rückfälle gegeben haben. Viele US-Bundesländer haben nachgezogen, auch Kanada und einige Gemeinden in England.

---

[94] "Glückliche Huren gibt es nicht", SPIEGELonline, 11.11.2007.
[95] Berliner Zeitung: "In den USA ist Prostitution verboten. Nun wird sie auch noch mit einer „Schule für Freier" bekämpft."

Diese Kurse wurden von der Ex-Prostituierten Norma Hotaling entwickelt, die mit sechs Jahren zur Prostitution gezwungen worden war. "Vergewaltigung, Syphilis und Heroin, habe ich alles hinter mir." Mit 36 Jahren fühlte sie, dass sie entweder sterben oder jemanden umbringen würde. Sie dachte daran, einen x-beliebigen Freier zu erstechen, und hat sich dann lieber der Polizei gestellt. Im Gefängnis kam ihr die Idee, den Frauen auf der Straße zu helfen. Sie gründete SAGE ("Standing against Global Exploitation" = Eintreten gegen weltweite Ausbeutung) und arbeitete mit der Polizei zusammen. Das veränderte San Francisco sehr: Prostitution ging dort stark zurück. SAGE wurde später für "herausragende Innovation in Amerika" ausgezeichnet.

Natürlich gab es viel Kritik von den Interessensverbänden für Prostitution, aber Hotaling weiß: "Legalisierung erhöht Angebot und Nachfrage, führt zu mehr Gewalt und Krankheiten."

In den Niederlanden steht seit 2009 eine Änderung des sehr liberalen Prostitutionsgesetzes von 2000 auf der Agenda, das unserem von 2002 ähnlich ist. Auch dort ging die Rechnung nicht auf, weil das Geschäft für Zuhälter und Menschenhändler einfach zu lukrativ ist: Es spielt sich nach wie vor im Verborgenen ab, mit Minderjährigen und vielen Frauen aus Osteuropa und Lateinamerika. Die renommierte Tageszeitung TROUW sprach von "legalisierter Sklaverei". Bisher haben sich die

Niederlande nicht zu einer klaren Gesetzgebung durchgerungen.

In Deutschland ist seit dem 1. Juli 2017 ein neues Prostituiertenschutzgesetz in Kraft. Nach der Bundestagswahl 2013 war die Hoffnung auf eine echte Reform groß, aber die Vorschläge der Expertinnen und Experten wurden von der SPD immer mehr verwässert. So gab es schließlich kein Heraufsetzen des Mindestalters auf 21 Jahre für Prostituierte und keine Krankenversicherungspflicht. Regelmäßige Gesundheitsuntersuchungen, die eine Chance hätten sein können für Rat und Hilfe für die Frauen oder eine Möglichkeit wären für ein Gespräch unter vier Augen, sind auf ein Minimum zusammengeschrumpft – und der Zuhälter darf mitkommen! Werbung für Bordelle ist nur eine Ordnungswidrigkeit bei Gefährdung des "Jugendschutzes". Bestrafung bei Sex mit Zwangsprostituierten, wo das zu erkennen ist, und bei Nichtbeachten der Kondompflicht ist Symbolpolitik.

Die einzige wesentliche Änderung ist eine Anmeldepflicht für Prostituierte. Die Frauen waren bis jetzt nämlich in Deutschland, ohne dass eine Behörde oder gar die Polizei von ihrer Existenz wusste, deswegen ist auch völlig unbekannt, wie viele es sind. Gefordert wurde eine Anmeldung in jeder Stadt. Jetzt ist nur eine einmalige Anmeldung nötig, und so wird das System wieder völlig unübersichtlich. Eine Anmeldebehörde, die von jedem Bundesland festgelegt wird, also vielleicht das Ordnungsamt, entscheidet, ob eine eingereiste 18-Jährige, die kaum ein Wort Deutsch spricht und die einen Verwandten mitgebracht hat, sich gern und freiwillig in Deutschland prostituieren möchte!

Sabine Constabel, die Vorsitzende des Vereins SISTERS e.V. und eine im Prostitutionsmilieu sehr erfahrene Sozialarbeiterin, sagt dazu:

"Dass eine Frau zur Prostitution gezwungen wird, leuchtet ihr nicht auf der Stirn. Deshalb darf es nicht ins Ermessen von Frau Meier oder Herrn Müller vom Ordnungsamt gestellt sein, ob sie eine Anmeldebescheinigung bekommt. Da muss es klare Kriterien geben. [...] Eine ‚moderate' Umsetzung unter dem Vorwand der Verwaltungsvereinfachung, der Kostenersparnis und der ‚Bürgerfreundlichkeit' spielt direkt in die Hände des kriminellen Milieus."[96]

18. Den Schutz von Frauen vor Gewalt endlich wichtig nehmen!

Da war doch mal was, das hieß Istanbul-Konvention, was war das noch genau?

Ach ja, der Europarat hat 2011 einen völkerrechtlichen Vertrag zur Verhütung und

---

[96] Chantal Louis: "Prostitution: Empört Euch!", EMMA, 03.07.2017.

Bekämpfung von Gewalt gegen Frauen und häusliche Gewalt aufgesetzt und dessen Ratifizierung empfohlen. In diesem Vertrag werden verbindliche Rechtsnormen gefordert, außerdem seien sämtliche, Frauen diskriminierende Vorschriften abzuschaffen, Hilfsangebote für Frauen sollen verbessert werden, Bildungsangebote gemacht werden, die für dieses Thema sensibilisieren, Rechtsberatung, psychologische Betreuung, finanzielle Hilfen, Hilfe bei Unterbringungsmöglichkeiten (in Frauenhäusern) und so weiter. Die Länder, die dies ratifizieren, sollen offensiv vorgehen gegen Nachstellungen, körperliche Gewalt, sexuelle Gewalt, Zwangsheirat, Genitalverstümmelung, Zwangsabtreibung, Zwangssterilisierung und sexuelle Belästigung bei Frauen.

Deutschland hat am 01. Juni 2017 die Istanbul-Konvention ratifiziert, aber ansonsten hat die deutsche Politik die Umsetzung dieser Konvention jahrelang verschleppt. Dies betrifft besonders das Sexualstrafrecht, die Justiz und den Zugang von Frauen zu Frauenhäusern und Beratungsangeboten. Im Bereich der Frauenhäuser besteht zum Beispiel eine eklatante Unterversorgung. Frauenhäuser haben keine gesicherte Finanzierung, sondern existieren durch freiwillige Leistungen der Länder und Kommunen und durch Eigenmittel der Träger, was zu ständiger finanzieller Unsicherheit führt.

Es überrascht zudem, dass sich ausgerechnet die oppositionelle LINKE noch in einer heftigen Diskussion, wie sie sich als Partei zur

Prostitution stellen will, befindet.[97] Dass eine Partei, die sonst den Kapitalismus und jegliche Ausbeutung heftig bekämpft, bisher weder die patriarchale Struktur der Prostitution noch die brutale Ausbeutung der Frauenkörper sehen möchte, ist für mich enttäuschend.

Andere staatliche finanzielle Hilfen wiederum sollten mal genauer unter die Lupe genommen werden. So wurden vom Familienministerium im Rahmen eines "Modellversuchs zum Ausstieg" bis Ende 2014 verschiedene Hurenprojekte mit hohen sechsstelligen Summen gefördert, die in erster Linie klar für den Einstieg in die Prostitution werben und Kurse zur Qualifikation von Prostituierten in der Sexarbeit anbieten.[98] Versehen? Nachlässigkeit? Oder wollen die Kommunen und Länder cool sein, liberal und "fortschrittlich"? Diese Hurenprojekte wurden in den 1980er Jahren sinnvollerweise von Huren initiiert, um die damaligen Bedingungen der Prostituierten zu verbessern. Heute sind in deren Vereinsvorständen kaum oder keine Prostituierten mehr zu finden und was sie vertreten, klingt sehr lebensfern. Sabine Constabel: "Sie scheinen es zu oft mit etablierten deutschen Althuren zu tun zu haben, die meist selber Studios, Clubs oder Apartments betreiben und junge Frauen dort anschaffen lassen. Aber die Realität dieser Minderheit von

---

[97] Siehe den Abdruck von Positionspapieren der LINKEN im Buch "Mythos „Sexarbeit"".
[98] Bericht aus EMMA vom 14. August 2014.

‚selbstbestimmten' Prostituierten ist Lichtjahre
von der Mehrheit der Frauen in den Bordellen
und auf der Straße entfernt."[99]

19. Mythen über die "Notwendigkeit" von Prostitution

- *Männer, die zu Prostituierten gehen, sind einsam und bedürftig!* Stimmt nicht. Untersuchungen zeigen, dass 70 Prozent der Freier in Beziehungen sind oder waren. Sie haben im Schnitt mehr Sexualkontakte als Nicht-Freier, tendieren zu unpersönlichen sexuellen Begegnungen und neigen verstärkt zu "Hostile Masculinity" (siehe Kapitel 16).

- *Wenn es Prostitution nicht gäbe, würden viel mehr Frauen vergewaltigt!* Stimmt nicht. Solche Vermutungen werden durch die Erfahrungen in Schweden und anderen Ländern, die das

---

[99] "Die Hurenprojekte, die Millionen und Vater Staat", EMMA 14. 8. 2014.

"Schwedische bzw. Nordische Modell" übernommen haben, nicht bestätigt. Die Zahl der Vergewaltigungen in Deutschland ist seit Langem ziemlich konstant und verringerte sich nicht durch die Legalisierung der Prostitution. Im Gegenteil: Durch die Allgegenwart von Prostitution wird ein gewalttätiges sexuelles Verhalten gegenüber Frauen immer salonfähiger.

• *Jede Einschränkung und Regulierung der Prostitution sollte unterlassen werden, denn dann geht es den Prostituierten besser:* Stimmt nicht. Viele (Ex-)Prostituierte beklagen seit der Legalisierung 2002 in Deutschland eine auffällige Verrohung der Freier, eine große Zunahme perverser Wünsche, und nach wie vor spielt sich Prostitution vor allem im kriminellen Milieu ab, auch wenn das von außen nicht sichtbar ist. "Unser Problem ist nicht die `fehlende Anerkennung des Berufs`, unser Problem IST der `Beruf`!" (Huschke Mau)

• *Männer haben einen stärkeren Sexualtrieb als Frauen und müssen sich oft abreagieren:* Stimmt nicht. Grundsätzlich ist die Sexualität beider Geschlechter ein kulturelles Produkt. Unsere Kultur hat über Jahrtausende den erigierten Penis mit Mannsein gleichgesetzt und die weibliche Sexualität kontrolliert und gegängelt oder der Frau überhaupt Orgasmusfähigkeit abgesprochen. Gleichzeitig wurden männliche Gefühle wesentlich unterdrückt, außer im sexuellen Bereich. Dieser ist häufig der einzige Bereich, in dem ein Mann authentische Gefühle zulassen kann. Sex bestätigt ihn in seinem Mannsein. Diese einseitige Konzentration auf den Penis des Mannes sollte überwunden werden, weil dadurch das sexuelle Erleben beider Geschlechter eingeschränkt ist (Männer kennen oft nur diese eine erogene Zone, und Frauen erleben selten einen Orgasmus durch Penetration). Diese Fixierung ist auch für den Mann problematisch: Heute hat mindestens jeder fünfte deutsche Mann Potenzprobleme (andere Zahlen sagen fast jeder zweite), und viele Jungen und Männer leiden heftig an der Vorstellung, dass ihr Penis nicht groß genug sei.

- *Prostitution hat es immer gegeben, eine Welt ohne Prostitution ist nicht vorstellbar*: Stimmt nicht. Es ist eine Frage, in was für einer Gesellschaft wir leben wollen und wie wir uns unsere Zukunft vorstellen. Es ist ja auch möglich gewesen, Sklaverei abzuschaffen. Menschenrechte gelten für alle. Wer Gleichberechtigung ernst nimmt, für den hat Prostitution und das Erniedrigen und Quälen der Frauen in unserer Gesellschaft keinen Platz.

20. Was wir tun können

Wir brauchen ein neues Bewusstsein für Männer und Frauen, für Mädchen und Jungen. Sexueller Gewalt, aber auch jedem sexistischem Verhalten sollten wir entschieden entgegen treten.

Und für Jungen und Männer besteht die Aufgabe darin, nicht zu dominieren, sondern Sex zu haben, der die Gleichheit des Gegenübers anerkennt. Für uns alle ist es immens wichtig, dass diese starren, überholten, konservativen Frauen- und Männerbilder abgebaut werden, weil wir alle darunter leiden.

Was sagte Jack Urwin? "Sprecht! Endlich! Über! Eure! Gefühle!"

Traut Euch, etwas Neues auszuprobieren, versuchsweise mit der Frau oder mit einem Kumpel über etwas zu sprechen, was Euch ernsthaft beschäftigt oder bedrückt. Das ist ein großer Schritt für viele Männer, und es kann gut sein, dass Überraschendes passiert: dass die Frau erleichtert darüber ist, dass ihr Partner sich öffnet und dass sie ihn jetzt etwas besser versteht. Dass sie endlich erfährt, was ihn wohl schon längere Zeit beschäftigt hat und weshalb er so schweigsam geworden ist. Das kann eine neue Nähe schaffen, eine Intimität, wie sie lange nicht mehr aufgekommen ist.

Und auch der Kumpel reagiert wahrscheinlich positiv, wenn er sich ins Vertrauen gezogen fühlt, und antwortet ebenfalls mit mehr Offenheit, und so gibt es vielleicht endlich ein echtes Männergespräch, in dem nicht nur die tolle Fassade gezeigt wird. Auch das kann ein gutes Gefühl der Zugehörigkeit geben.

Überhaupt scheint wichtig für Euch zu sein, dass Ihr anderen Männern auf wesentlichen Ebenen begegnet und so Euer eigenes Mannsein entdeckt und stärkt. Weil die Väter in der Vergangenheit meist erst spät nach Hause kamen und dann auch oft innerlich nicht wirklich anwesend waren, fehlen vielen von Euch gute, liebevolle, bestärkende, auch heilende Erfahrungen mit dem Vater, also mit einem Mann. Dies hat mit der wichtigen Entdeckung zu tun, dass ein Mann einem anderen gut tun und ihn bestärken kann. Und dass man(n) so zu einem echten, eigenständigen Selbstwert finden kann. Dass Ihr Euch wertvoll fühlen könnt, ohne in ein "Ich bin besser" zu verfallen. Das ist eine wichtige Voraussetzung dafür, Frauen wahrzunehmen und zu achten.[100]

Johannes Böhme schreibt in seinem Artikel mit dem Titel "Liebe Freier, es gibt keine harmlose Prostitution: Euer Geld hilft Verbrechern": "Es gibt kein Recht auf körperliche Nähe. Man muss sie sich verdienen, durch Charme, Offenheit, Humor, Mut."[101]
Und wir Frauen müssen auch an uns arbeiten, müssen dringend eigene, nicht von Euch Männern vorgegebene Kriterien ent-wickeln, wie wir auf uns und auf die Welt schauen wollen.

Und wenn Ihr nicht mehr klar kommt, überwindet Euch und holt Euch Hilfe. In der Psychotherapie könnt Ihr einem Mann oder einer Frau Euer Herz ausschütten, je nachdem, wer Euch mehr liegt. Das ist sehr entlastend und erwiesenermaßen hilfreich, um das kompliziert und mühsam gewordene Leben besser zu bewältigen. Depressionen können sich bei Euch zum Beispiel anders äußern als bei Frauen: Möglicherweise trinkt Ihr dann mehr und seid aggressiv und aufbrausend, oder Ihr habt ein

---

[100] Wolfram Jokisch: "Die Angst der Männer vor den Frauen" (1995), Institut für systemische Beratung Wiesloch, www.systemische-professionalitaet.de
[101] Johannes Böhme: "Liebe Freier, es gibt keine harmlose Prostitution: Euer Geld hilft Verbrechern", ZEITonline, 16. März 2017.

ausschweifendes Sexualleben oder gar keins mehr oder bekommt Fressanfälle. Die männliche Seele sendet andere Hilferufe aus als die weibliche.[102]

Eine andere Möglichkeit sind Männergruppen, in denen Ihr Euch mit anderen über die Veränderung Eurer Rollen und der damit einhergehenden möglichen Orientierungslosigkeit oder Verunsicherung austauschen könnt. Und bei noch ernsteren Problemen gibt es zum Beispiel Beratungsstellen von "Männern gegen MännerGewalt" in vielen größeren Städten.

Gewalt-Computerspiele und Gewalt-Pornos sind nicht geeignet, das konservative Männerbild abzubauen und eine gleichberechtigte, erwachsene, intensive und liebevolle Beziehung zu Frauen aufzubauen. Auch Ihr müsst Verantwortung übernehmen, für Eure Gewohnheiten und wie sie Euch verändern. Über Frauen lernt Ihr durch Pornos gar nichts.

Der Sexualtherapeut Dr. Christoph Ahlers sagt zum Thema Pornos: "Es ist zurzeit en vogue, als Sexualwissenschaftler zu sagen, anything goes, alles easy, Porno-Kompetenz und so weiter. Ich komme mir daher selbst ein bisschen vatikanisch vor, wenn ich sage, wir befinden uns hier in einem weltweiten Feldversuch ohne Ethikkommission. 300 Millionen Menschen rufen pro Monat die Sexseiten des YouPorn-Imperiums auf. Und da sprechen wir ja

---

[102] Jana Hauschild: "Das ignorierte Leiden der Männer", SPIEGELonline, 18. Dez. 2012.

noch von Standardpornografie. Genau so umstandslos ist auch paraphile Pornografie im Internet rund um die Uhr in jedem Kinderzimmer verfügbar. Das hat es menschheitsgeschichtlich noch nie gegeben. Wir wissen schlicht nicht, was es mit formbaren Gehirnen von jungen Menschen macht, wenn sie diesen Filmen wiederholt ausgesetzt sind."[103]

Und lassen wir doch den Sex nicht so verkommen! Wollen wir zulassen, dass diese schönste Sache der Welt so kapitalisiert, industrialisiert, entmenschlicht wird?

Sex ist die intimste Art der Kommunikation, die uns Menschen möglich ist. Es geht bei Sex auch darum, ganz wesentliche Grundbedürfnisse zu erfüllen, sagt Ahlers. Und die haben wir alle gleichermaßen, Männer und Frauen: wir möchten angenommen sein und uns zugehörig fühlen. Alles, was wir im Leben tun, zielt auf dieses eine ab: Wir müssen uns dauernd darüber versichern, dass wir okay sind, dass wir dazu gehören. Auch die Freude über den guten Job und die schicke Wohnung ist ein Teil davon. "Und die intensivste Form, das zu spüren, ist sexuelle Körperkommunikation. Das ist die tiefere Bedeutung von Sex."[104]

Wir Menschen sind auf Bindung programmiert, sagt Ahlers. Und im besten Fall geht es bei

---

[103] "Vom Himmel auf Erden", ein Gespräch mit dem Sexualpsychologen Dr. Christoph Joseph Ahlers von Heike Faller, ZEIT online, 25. April 2013.
[104] Ebd.

Sex auch um Erlösung durch Überwindung von Vereinzelung. "Das einzige, was wir nicht alleine hinkriegen, ist das Gefühl, angenommen zu sein. Und Sex ist da der direkteste Weg, weil Körperkontakt seit Jahrtausenden die älteste, wichtigste Kommunikationsform war, bevor wir gelernt haben zu sprechen, und deswegen können wir uns nur über Berührung wirklich beruhigen. Auch in der individuellen Entwicklung erleben wir, dass wir früh gehalten und umarmt werden, auch daran erinnert der Sex, und wir alle können Stress am besten dadurch dämpfen."[105]

Ahlers spricht auch das Stereotyp an, dass der Mann immer Lust hat: "Genitale sexuelle Interaktion ist für manche Männer der prominente oder sogar einzige Kanal, mit einem anderen Menschen authentisch emotional in Kontakt treten zu können. [...] Nur im Bett darf ich auch mal weich sein und bedürftig. Das heißt, eigentlich geht es um einen Gefühlsstau und nicht um einen Samenstau."[106]

Die Bereitschaft der Frau, mit ihm zu schlafen, bedeutet für ihn: Ich bin okay. Wenn sie es verstehen könnte als "Ich möchte mit dir schlafen, weil du mir alles bedeutest und weil ich mich nur durch dich und in dir beruhigen kann", dann wäre viel gewonnen.

Und ich möchte ergänzen: gerade in dieser Zeit, in der das Arbeitsleben extrem stressig

---

[105] Ebd.
[106] Ebd.

geworden ist und alles nur noch an wirtschaftlichen Kriterien gemessen wird, brauchen wir Wärme, Zusammenhalt, Beziehungen, menschliche Nähe, Vertrauen. Sexualität kann wunderbar verbinden. Der Erotik – dieses Wort ist bezeichnenderweise in diesem Buch bisher kaum vorgekommen – könnte wieder mehr Raum gegeben werden. Erotik braucht Zeit und mindestens einen Rest von Energie, und sie braucht eine geschützte Nische im Alltag, weil die meisten Frauen ein Gefühl von Vertrauen benötigen, um sich fallen zu lassen. Seid gute Liebhaber! Natürlich seid Ihr nicht verantwortlich für einen Orgasmus Eurer Frauen, aber nehmt Euch Zeit. Fragt Eure Liebste, was sie sich wünscht! Sprecht gemeinsam über Eure Wünsche! Horcht hin und spürt, was euch einander Lust bereitet. Das ist nicht kompliziert, und es ist sicher ein tolles Gefühl für Euch, wenn Eure Frau, Eure Geliebte sich so richtig in der innigen Nähe zu Euch auflöst.

Lasst uns Sex machen, erwachsen, phantasievoll, auf Augenhöhe, und nicht gegeneinander Krieg führen!

Und wenn Ihr Euch engagieren wollt, könnt Ihr das hier tun:

ZERO MACHO – Männer gegen Prostitution.[107] Hier ein paar Auszüge aus dem Manifest:

Weil wir für sexuelle Freiheit sind, werden wir nicht zu "Freiern"!

Ist Prostitution ein "Mannesrecht"? Eine "Freiheit der Frauen"? Eine unvermeidliche Erscheinung, da die "ununterdrückbaren Bedürfnisse" der Männer befriedigt werden müssen? Nein! Schluss mit dieser Propaganda!

Wir, die Unterzeichner dieser Erklärung, Männer jeden Alters, jeder Herkunft, und aus allen materiellen Verhältnissen, lehnen es ab, unsere Sexualität durch gekaufte Beziehungen auszuleben. Für uns ist Sexualität vor allem Ausdruck menschlicher Verhältnisse, die mit Gleichheit und Respekt vor dem anderen, vor seiner Freiheit und seinem Begehren einhergehen.

Wir laden Sie dazu ein, mit uns zu handeln und öffentlich zu sagen:

PROSTITUTION: NICHT MIT UNS! NICHT IN UNSEREM NAMEN !

NEIN zu diesem Markt des Elends, der die Verletzbarsten dazu treibt, ihren Mund oder ihre Vagina zu vermieten!

NEIN zu der Machokultur, die die Sexualität dazu benutzt, andere zu dominieren und zu entwürdigen!

---

[107] https://zeromacho.wordpress.com

NEIN zu Bordellen, selbst staatlich anerkannten, wo versklavte und von Zuhältern ausgebeutete Frauen zum Dienste der Männer eingepfercht werden!
LASSEN SIE UNS ZUSAMMEN EINE WELT AUFBAUEN, IN DER NIEMAND AUF DIE IDEE KOMMT, SICH DEN ZUGANG ZUM KÖRPER EINES ANDEREN ZU ERKAUFEN UND IN DER DIE VERGNÜGUNGEN DER SEXUALITÄT WEDER MIT GELD NOCH MIT GEWALT VERBUNDEN SIND!
Diese Welt ist möglich und ihr Aufbau hat schon begonnen.

Dieses Manifest gibt es in verschiedenen Sprachen. Ihr könnt es online unterzeichnen:
https://zeromacho.wordpress.com

Hier könnt Ihr ebenfalls online unterzeichnen: beim EMMA Appell gegen Prostitution. Über 13.000 Menschen haben bereits unterzeichnet:
www.emma.de/thema/emma-appell-gegen-prostitution-111249

Dann gibt es ein großes Bündnis: STOP SEXKAUF ist ein Netzwerk zur Beendigung der Prostitution durch das Sexkaufverbot. Auf der Homepage bekommt Ihr Materialien, Informationen und werdet über Aktionen informiert.
www.stop-sexkauf.org

Die Initiative ROTLICHTAUS macht gerade eine starke Kampagne: Ganz im Stil der Rotlichtwerbung liest man auf dem Plakat plötzlich "Dein Spaß ist mein Horrortrip" oder "Du kommst und ich verkomme". Auch mit Spenden könnt Ihr unterstützen!

www.rotlichtaus.de

Eine sehr kompetente Homepage ist "Trauma and Prostitution" von Ingeborg Kraus, auf der Ihr wissenschaftliche Vorträge zum Thema nachlesen könnt. Der Appell kann von Menschen, die im Gesundheitsbereich tätig sind, unterzeichnet werden:

www.trauma-and-prostitution.eu

Und dann gibt es noch andere Vereine und Initiativen, die seit Jahren konsequent und unermüdlich Prostitution bekämpfen und die dringend Unterstützung in Form von Spenden brauchen: TERRE DES FEMMES – Menschenrechte für die Frau e.V., Solwodi e.V., Sisters e.V., Karo e.V. am elenden Straßenstrich nach Tschechien mit Catrin Schauer, La Strada in Stuttgart mit Sabine Constabel, Maisha in Frankfurt, die Marburger Bürgerinitiative gegen Bordelle mit Inge Hauschildt-Schön, Kofra e.V. in München mit Anita Heiliger und viele andere mehr …

Wie soll die Welt aussehen, in der wir leben wollen?

Substanz

Sheila Jeffreys

Die industrialisierte Vagina

Die politische Ökonomie
des globalen Sexhandels

Marta Press, 2014, 280 Seiten,
ISBN 978-3-944442-09-9,
D: 29,90 €, A: 30,90 €, CH: 37,50 UVP CHF

»Substanz«

Anita Kienesberger

Fucking Poor

Was hat "Sexarbeit" mit Arbeit zu tun?
Eine Begriffsverschiebung und
die Auswirkungen auf den Prostitutionsdiskurs

Marta
press

Marta Press, 2014, 116 Seiten,
ISBN: 978-3-944442-21-1,
D: 12,90 €, AT: 13,50 €, CH: 16,50 CHF UVP

» Nahaufnahmen «

Sandra Müller

Ehrbare Frauen

Zwischen Schauspiel, Macht und Erniedrigung –
Einblicke in die Leben von Dominas und Prostituierten

marta
press

Marta Press, 2014, 148 Seiten,
ISBN: 978-3-944442-11-2,
14,90 € (D), 15,50 € (AT), 21,90 CHF (CH)